Reinhard Zinner

Begriffe – Regeln – Formeln

Qualitätsmanagement

Cornelsen

Inhalt

Vermeidbare Qualitätskosten

Unvermeidbare Qualitätskosten

Fehlerverhütungskosten durch Qualitätsplanung

- Qualitätsplanung
- Qualitätsfähigkeitsuntersuchung
- Lieferantenbeurteilung und -bewertung
- Prüfplanung
- Schulung in Qualitätssicherung
- Qualitätsförderungsprogramme
- Qualitätsvergleiche mit dem Wettbewerb
- Leitung Qualitätswesen
- Qualitätsaudits
- Qualitätslenkung

Prüfkosten

- Wareneingangsprüfung
- Prüfung im Prozess
- Endprüfung
- Prüfung bei Außenmontage
- Kundenabnahmeprüfung
- Prüfmittel und Prüfwerkzeuge
- Instandhaltung von Prüfmitteln
- Qualitätsgutachten
- Laboruntersuchungen
- Prüfdokumentation

Fehlerkosten durch Fehlerbehebung

- Ausschuss
- Nacharbeit
- Mengenabweichung
- Wertminderung
- Sortierprüfung
- Wiederholungsprüfung
- Problemuntersuchung
- Qualitätsbedingte Ausfallzeit
- Gewährleistung
- Produzentenhaftung
- Wiederanlieferung
- Reklamationsbearbeitung
- Entsorgung/Recycling

Begriff	Erläuterung	Beispiel
Qualitätskosten ...	... sind Kosten, die für die Fehlerverhütung, für Prüfmaßnahmen und für die Fehlerbehebung aufgewandt werden.	
Fehlerverhütungskosten ... ①	... sind Kosten, die für ein vorbeugendes und fehlerverhütendes Qualitätsmanagement aufgewandt werden.	
Prüfkosten ... ②	... sind Kosten, die für die Qualitätsprüfung während des Fertigungsprozesses aufgewandt werden.	
Fehlerkosten ... ③	... sind Kosten, die für die Fehlererkennung und -beseitigung aufgewandt werden.	

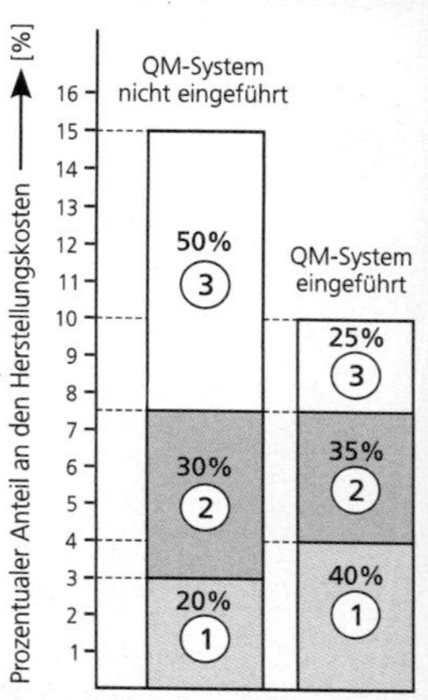

Begriff

Optimierung der Qualitätskosten

Erläuterung

Die gesamten Qualitätskosten weisen bei einem bestimmten mittleren Qualitätsniveau ein Kostenoptimum auf. Angenommen wird, dass die Fehlerverhütungs- und Prüfkosten ansteigen und die Fehlerkosten sinken, um ein hohes Qualitätsniveau (Null-Fehler-Niveau) zu erreichen. Nachteilig hierbei ist jedoch, dass eine bestimmte Fehlerhäufigkeit in Kauf genommen wird.

Beispiel

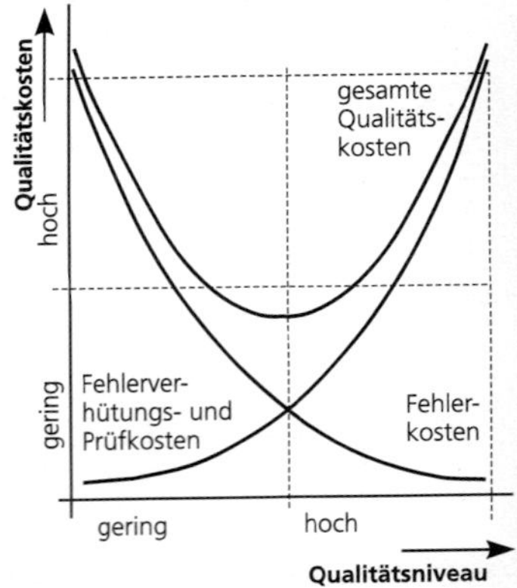

Begriff	Beispiel
Minimierung der Qualitätskosten	

Erläuterung

Wird eine Null-Fehler-Produktion angestrebt, so sinken die Fehlerkosten und die Fehlerverhütungskosten steigen an. Bis zu einem mittleren Qualitätsniveau steigen die Prüfkosten an. Bei weiter steigendem Niveau gehen diese Kosten jedoch zurück, da beispielsweise die Kosten für Prüfrüstzeiten sinken.

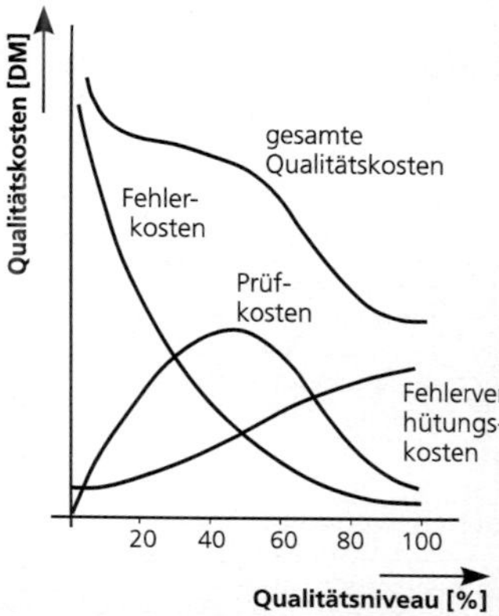

Qualitätskosten im traditionellen Sinn 4.2

5.1 Qualitätskosten im fortschrittlichen Sinn

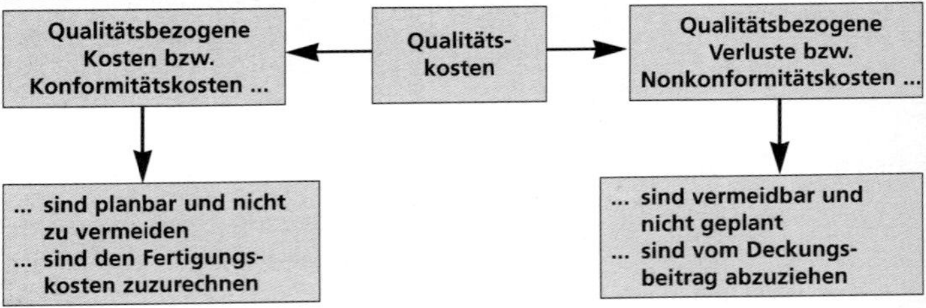

Begriff	Erläuterung/Beispiel
Qualitätsbezogene Kosten ...	... sind messbare Kosten zur Sicherstellung eines gewünschten Qualitätsniveaus oder zur Sicherung der Kundenzufriedenheit.

Qualitäts-bezogene Verluste ...	... sind messbare Kosten bei der Fehlerbehebung für den Aufwand von zusätzlichem Material und Personal sowie nicht messbare Kosten bei Imageverlust und Kundenunzufriedenheit.
Konformitäts-kosten ...	... sind wertschöpfungserhöhende Kosten, da sie durch vorbeugende und somit planbare Qualitätsmaßnahmen einen positiven Beitrag zum Unternehmenserfolg erbringen.
Nonkon-formitäts-kosten ...	... sind ressourcenverschwendende Kosten, da sie durch direkte Fehlerkosten für Garantieleistungen, Gewährleistungen, Nacharbeit etc. einen negativen Beitrag zum Unternehmenserfolg erbringen. Darüber hinaus entstehen indirekte Fehlerkosten auf Grund von Imageverlust und Kundenunzufriedenheit.

Begriff	Erläuterung/Beispiel
Vielfältigkeit von Haftungsansprüchen	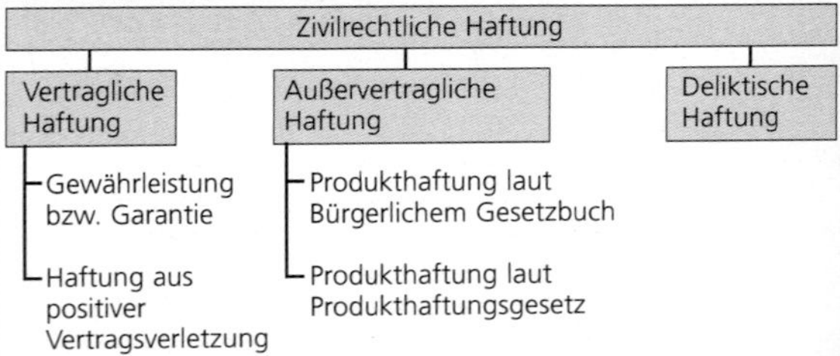
Vertragliche Haftung	Werden zwischen Auftraggeber und Auftragnehmer inhaltliche Absprachen z. B. eines Bauvertrags nicht eingehaltenen, so können hieraus Ansprüche aus vertraglicher Haftung abgeleitet werden. Geschützt wird hierbei vorrangig das Interesse des Auftraggebers, eine bauliche Maßnahme entsprechend nutzen zu können.

Begriff	Erläuterung	Beispiel
Mögliche Gewährleistungshaftungen	**Ersatzlieferung**, d. h.: Der Kunde kann für eine mangelhafte Ware eine gleichartige, mangelfreie Ware verlangen, sofern es sich nicht um ein bestimmtes Einzelstück handelt.	Fehlerhafte Aluminiumprofile werden gegen einwandfreie ausgetauscht.
	Nachbesserung, d. h.: Tritt bei einer Ware ein Mangel auf, kann der Kunde die Behebung des Mangels an dieser Ware verlangen.	Gelieferte Alu-Profile entsprechen in ihren Längenmaßen nicht den Lieferbedingungen und werden vom Lieferanten gekürzt.
	Wandelung, d. h.: Eine bereits vom Kunden bezahlte Ware wird gegen Rückerstattung des Kaufpreises an den Verkäufer zurückgegeben.	Gehäuse aus Aluminiumguss sind mit den falschen Bohrlöchern versehen.

Begriff	Erläuterung	Beispiel
	Minderung, d. h.: Der ursprüngliche Kaufpreis einer Ware wird um den „Wert des Mangels“ herabgesetzt. Der Kunde behält die Ware.	Gelieferte Alu-Profile entsprechen in ihrer Länge nicht den Lieferbedingungen, wodurch beim Kunden ein höherer Verschnitt anfällt.
	Schadenersatz wegen Nichterfüllung, d.h.: Fehlen einer Ware vertraglich zugesicherte Eigenschaften, gibt es zwei Möglichkeiten. Entweder behält der Kunde die Ware und verlangt vom Verkäufer so gestellt zu werden, wie er bei Erfüllung des Vertrags stehen würde. Oder aber der Käufer gibt die Ware zurück und erhält Ersatz für den entstandenen Schaden.	Gelieferte Aluminiumprofile entsprechen im Querschnitt und im Festigkeitsverhalten nicht den Lieferbedingungen, wodurch dem Kunden eine fertigungsgemäße Verwendung nicht möglich ist.

Begriff	Erläuterung/Beispiel
Haftung aus positiver Vertragsverletzung	Tritt durch eine gekaufte Sache beim Gebrauch ein Folgeschaden ein, so haftet der Verkäufer nur dann, wenn er eine Verpflichtung aus dem Vertrag fahrlässig oder vorsätzlich nicht erfüllt hat.
Außervertragliche Haftung	Nicht der einzelne Käufer, sondern die Allgemeinheit wird vor Schädigung oder Beeinträchtigung durch mangelhafte Produkte geschützt.
Produkthaftung	Der Hersteller haftet immer dann, wenn sein fehlerbehaftetes Produkt einen Schaden nachweislich verursacht hat. Der Haftungsumfang schließt Personen- und Sachschäden ein, sofern der Schaden 575,00 € übersteigt.
Haftende Personen	Hersteller von Grundstoffen, Teilprodukten und Endprodukten. Händler, die Waren zur wirtschaftlichen Weiterverwertung aus EU-Staaten beziehen. Händler von Produkten, deren Hersteller nicht nachgewiesen werden können.

Begriff	Erläuterung	Beispiel
Verkehrssicherungspflicht	Hersteller und Händler dürfen nur solche Produkte in den Verkehr bringen, welche die Benutzer der Produkte vor Schädigung schützen. Die Verkehrssicherungspflicht endet mit dem Zeitpunkt des „Aus-dem-Verkehr-Bringens“, also dann, wenn sich das Produkt nicht mehr auf dem Markt befindet. Die Sorgfaltspflicht des Herstellers bezieht sich auf all seine Betriebsbereiche, in denen Produktfehler auftreten können.	
Unterscheidung möglicher Produktfehler	**Konstruktionsfehler** liegen dann vor, wenn die Entwicklung, Planung und Konstruktion eines Produkts nicht nach dem neuesten Stand der Technik erfolgt.	
	Produktionsfehler liegen dann vor, wenn die Fertigungsverfahren nicht dem neuesten Stand der Technik entsprechen.	
	Instruktionsfehler liegen dann vor, wenn Montage- oder Gebrauchsanleitungen gänzlich fehlen, unvollständig, fehlerhaft und veraltet oder nicht in der Landessprache verfasst sind.	

	Produktbeobachtungsfehler liegen dann vor, wenn das Produkt während seiner Nutzungsdauer bezüglich möglicher auftretender Fehler nicht ausreichend beobachtet wird.	
Deliktische Haftung	Für Personen- und Sachschäden, die als Folgeschäden eines mangelhaften Produkts entstehen, haftet der Urheber des Mangels, weil er oder sein Verrichtungsgehilfe ihre Sorgfaltspflichten verletzt haben.	
Sorgfaltspflichten des Herstellers	**Betriebsorganisationspflicht** besagt, dass der Hersteller seinen Betrieb ordnungsgemäß führen muss.	Ein Elektrobetrieb hat seine Werkstatt hinsichtlich der Sicherheitsbestimmungen ständig zu überprüfen.
	Haftung für Betriebsangehörige besagt, dass der Hersteller seine Mitarbeiter sorgfältig anzuweisen und deren Handlungen zu überprüfen hat.	Jährlich wiederkehrende Sicherheitsunterweisungen von Personen, die an unter elektrischer Spannung stehenden Anlageteilen arbeiten müssen.

Begriff	Erläuterung	Beispiel
Sorgfaltspflichten des Herstellers	**Konstruktions- und Planungspflicht** besagt, dass Produkte nach dem neuesten Stand der Technik und Sicherheit entworfen und geplant werden müssen.	Elektrowerkzeuge sind entsprechend mit Kunststoffummantelung zu versehen, damit beim Gebrauch keine unzulässigen Berührungsspannungen auftreten.
	Zulieferungspflicht besagt, dass der Produkthersteller die ordnungsgemäße Beschaffenheit der Zulieferteile für seine Produktion zu überprüfen hat.	Zugelieferte Netztransformatoren für die Fertigung von Batterieladegeräten müssen auf elektrische Durchschlagsfestigkeit geprüft sein.
	Herstellungspflicht besagt, dass Produkte fehlerfrei gefertigt und fehlerfrei beschaffen sein müssen.	Batterieladegeräte müssen die Nenndaten (z. B. Ladestrom 1,2 A; Nennspannung 230/12 V) einhalten.

Instruktionspflicht besagt, dass der Hersteller auf den ordnungsgemäßen Gebrauch der Produkte hinweist und vor möglichen Gefährdungen warnt.	Hinweisschild: Vor Öffnen des Gehäuses ist der Netzstecker zu ziehen, da sonst die Gefahr von Überspannungen besteht.
Produktbeobachtungspflicht besagt, dass der Hersteller den Gebrauchseinsatz seiner Produkte zu beobachten hat. Sollten Fehler auftreten oder solche zu erwarten sein, muss der Hersteller in geeigneter Weise eingreifen.	Rückrufaktion eines Automobilherstellers: Auf Grund eines einzeln aufgetreten Fehlers werden alle Fahrzeuge eines bestimmten Fertigungsloses in den Vertragswerkstätten hinsichtlich dieser Fehlerart untersucht.

Begriff	Erläuterung/Beispiel
Qualitätszirkel	

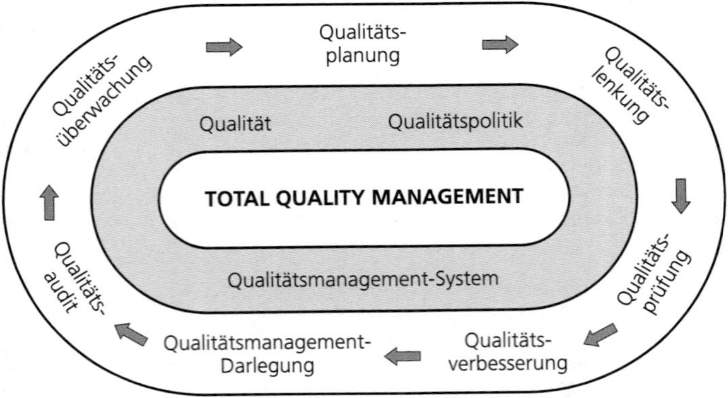

„Total Quality Management ...	... ist ein auf der Mitwirkung aller ihrer Mitglieder beruhende Führungsmethode einer Organisation, die Qualität in den Mittelpunkt stellt und durch Zufriedenstellung der Kunden auf langfristigen Geschäftserfolg sowie auf Nutzen für die Mitglieder der Organisation und für die Gesellschaft zielt." (DIN ISO 8402)
Qualität ...	umfasst alle Merkmale einer Einheit bzw. deren Eignung, um festgelegte Erfordernisse zu erfüllen.
Qualitätspolitik ...	... umfasst alle Ziele einer Qualitätsorganisation, welche die Unternehmensleitung festlegt.
Qualitätsmanagmentsystem ...	... umfasst alle Organisations- und Verantwortungsbereiche sowie Verfahrens- und Prozessweisen zur praktischen Umsetzung des Qualitätsmanagements.
Qualitätsplanung ...	... umfasst alle planerischen Maßnahmen zur Verwirklichung der geforderten Qualität.

Begriff	Erläuterung/Beispiel
Qualitätslenkung ...	... umfasst alle vorausschauenden, kontrollierenden und korrigierenden Maßnahmen, um die geforderte Qualität sicherzustellen.
Qualitätsprüfung ...	... umfasst alle Prüfmaßnahmen zur Feststellung des erreichten Qualitäts-Ist-Zustandes.
Qualitätsverbesserung ...	... umfasst alle Maßnahmen, um den Nutzen des Produkts für Hersteller und Kunden zu erhöhen.
Qualitätsmanagment-darlegung ...	... schafft Vertrauen beim Kunden durch Transparenz des Qualitätsmanagementsystems.
Qualitätsaudit ...	... überprüft, ob mittels der getroffenen Maßnahmen die angestrebten Qualitätsstandards auch tatsächlich erreicht werden.

Qualitätsüber-wachung ...	... kontrolliert, ob der einmal erreichte Qualitätsstandard über einen längeren Zeitraum aufrecht erhalten wird.
Drei Phasen und zwölf Elemente des Qualitäts-kreises	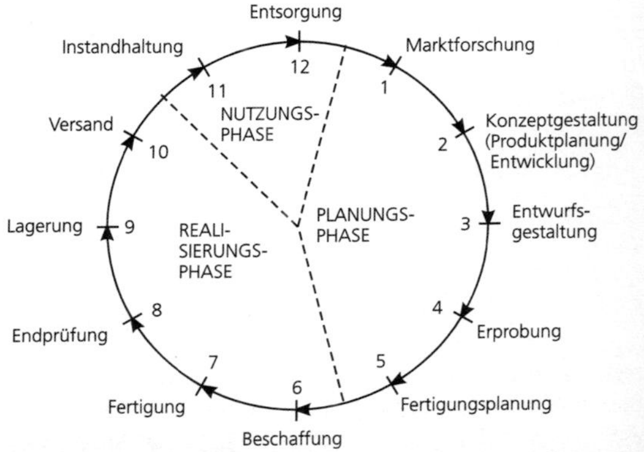

12.1 Phasen und Elemente des ...

Begriff	Erläuterung/Beispiel
Kundenorientierung ...	... bei der Marktforschung, Konzept- und Entwurfsgestaltung sowie bei der Instandhaltung und letztendlichen Entsorgung des Produkts sichert die Kundenzufriedenheit und erweitert den Absatzmarkt.
Mitarbeiterorientierung...	... innerhalb aller Qualitätsphasen erfordert hohes Qualitätsbewusstsein aller Mitarbeiter und eine entsprechende Kompetenz- und Verantwortungsaufteilung unter den Mitarbeitern.
Managementorientierung...	... bedeutet, dass Qualität als oberstes Unternehmensziel bei der Mitarbeiterführung verfolgt wird.
Prozessorientierung ...	... verhindert das Entstehen von Fehlern während der Planung, Entwicklung und Konstruktion von Produkten und verringert somit später auftretende Fehlerkosten.
Öffentlichkeitsorientierung ...	... stellt den Qualitätsstandard des Produkts in den Mittelpunkt der Vertriebsphilosophie und sichert somit einen Wettbewerbsvorteil gegenüber Konkurrenzunternehmen.

Aufbauorganisation für das Total Quality Management

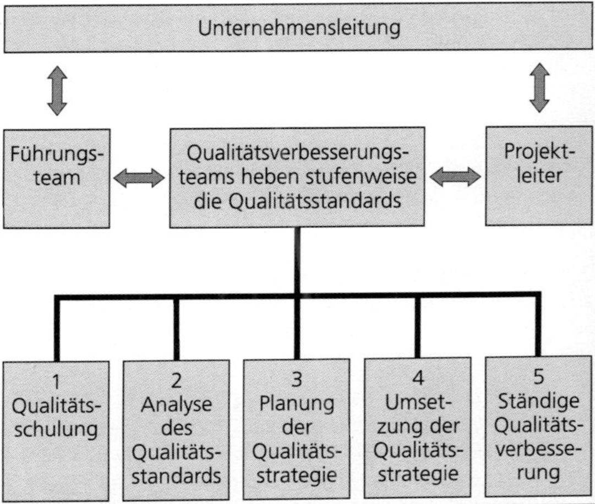

Begriff	Erläuterung	Beispiel
Führungsteam ... (Quality Council)	... setzt sich aus den Leitern der Unternehmensbereiche (z.B.: Konstruktion, Fertigung, Beschaffung, Marketing, Vertrieb) zusammen.	
Projektleiter ... (Quality Manager)	... ist verantwortlich für die zielgerichtete Umsetzung der Qualitäts-Philosophie des Unternehmens (z. B.: Mitarbeiter-Trainingsprogramme, nationaler und internationaler Erfahrungsaustausch innerhalb der Branche).	
Qualitätsverbesserungsteams...	... setzen sich aus dem jeweiligen Bereichsleiter und ausgewählten Mitarbeitern zusammen und führen die Maßnahmen zur Qualitätsverbesserungen durch.	
Qualitätslenkung	Das Basiswissen über die Qualitätsphilosophie des Unternehmens wird den Qualitätsverbesserungsteams vermittelt	Workshops über – Fehlerreduzierungsprogramme innerhalb eines bestimmten Zeitraums

		–Wettbewerbsverbesserungsmaßnahmen durch Qualitätssteigerung
Analyse des Qualitätsstandards	Durch die Ermittlung von Qualitätsstärken und -schwächen wird festgelegt, in welchen Bereichen Qualitätsverbesserungen möglich sind.	Erstellung einer Prioritätenliste über Qualitätsverbesserungspotentiale im Unternehmen, gewichtet nach Kostenumfang und zeitlicher Realisierbarkeit (z. B.: Reduzierung von Prüf-und Durchlaufzeiten).
Planung der Qualitätsstrategie	Auf der Grundlage der Qualitätsanalyse wird ein Einführungsplan zur Qualitätsverbesserung erstellt.	Inhalte des Einführungsplans sind z. B.: –Prüfort und Prüfhäufigkeit –Prüfverfahren: Messen –Prüfmittel: Messwerkzeuge –Prüfdokument: statistische Auswertung

Begriff	Erläuterung	Beispiel
Umsetzung der Qualitätsstrategie	Die Umsetzung der Strategie erfolgt nach dem Grundsatz: Kurzfristig mögliche Umsetzung mit hoher Erfolgswahrscheinlichkeit hat oberste Priorität.	Wenn möglich sind einfache Messverfahren mit Standardmessvorrichtungen (z. B.: Ermittlung der Zugbeanspruchung einer Welle mit Dehnungsmessstreifen) aufwendigen Messverfahren mit neu zu errichtenden Prüfständen zunächst vorzuziehen.
Ständige Qualitätsverbesserung	Erreichte Qualitätsstandards werden immer wieder dahingehend überprüft, ob eine weitere Qualitätsverbesserung möglich ist.	Reduzierung einer momentanen Fehlerquote von 0,1% beim Prüftakt P13 auf einen Wert von 0,05%.

Qualitätsfamilie DIN EN ISO 9000
(DIN: Deutsche Industrienorm; EN: Euro Norm;
ISO: International Organisation for Standardization)

DIN EN ISO **9000**	DIN EN ISO **9004**
ist ein Qualitätsleitfaden zur Auswahl und Anwendung der Qualitätselemente der Normen DIN EN ISO 9001 bis 9003.	ist ein Leitfaden zum Aufbau eines Qualitätsmanagements und enthält die Qualitätselemente nach DIN EN ISO 9001 sowie die zusätzlichen Elemente „Qualitätsbezogene Wirtschaftlichkeit“, „Produktsicherheit“ und „Marketing“.

↓ ↓

Qualitätssicherungssysteme, d. h.:
Es bestehen drei Modelle zur Darlegung der Qualitätssicherung für Unternehmen, welche ...

... Entwicklung/Design, Produktion und Montage, Verpackung und Versand sowie Wartung und Service ihrer Produkte abwickeln.	... Produktion und Montage, Verpackung und Versand sowie Wartung und Service abwickeln.	... lediglich Endprüfungen an Produkten vornehmen.
Zertifizierung nach DIN EN ISO **9001**	Zertifizierung nach DIN EN ISO **9002**	Zertifizierung nach DIN EN ISO **9003**

Begriff	Erläuterung/Beispiel
Hierarchie des Qualitätsmanagements	

Inhalt		Ziel
Unternehmensleitung legt fest: Aufbauorganisation Qualitätspolitik Zuständigkeiten	**QM-Handbuch**	Qualitätsfähigkeit des Unternehmens: Systemorientiertes Qualitätsaudit
Führungsebene legt fest: Ablaufregelungen	**Verfahrensanweisungen**	Qualitätsverhalten der Mitarbeiter: Verfahrensorientiertes Qualitätsaudit
Operative Ebene legt fest: Ausführungsregelungen	**Arbeitsanweisungen**	Qualitätsfähigkeit der Prozesse: Produktorientiertes Qualitätsaudit

Qualitäts-audit ...	...untersucht und beurteilt die Wirtschaftlichkeit und Effektivität des gesamten Qualitätsmanagements und seiner einzelnen Qualitätselemente. Ziele hierbei sind: – Erkennen von Schwachstellen im QM – Veranlassen von Maßnahmen zur Beseitigung der Schwachstellen – Überwachen der Wirksamkeit von Verbesserungsmaßnahmen
Systemorientiertes Qualitätsaudit	... überprüft den Qualitätsstandard der Mitarbeiter und des Managements.
Verfahrensorientiertes Qualitätsaudit ...	... überprüft Fertigungsabläufe und Prüfverfahren bezüglich der angestrebten Qualitätsmerkmale.
Produktorientiertes Qualitätsaudit ...	... überprüft durch Stichprobenkontrollen von Einzelteilen und Fertigprodukten, ob die bestehenden Maßnahmen zur Qualitätssicherung ausreichen.

Modelle nach DIN EN ISO Norm-kapitel	9001	9002	9003	Zwanzig plus drei Qualitätselemente laut der Normen	Leitfaden DIN EN ISO 9004-1 Norm-kapitel
4.1	●	●	□	Verantwortung der Leitung	4
4.2	●	●	□	QM-System	5
4.3	●	●	●	Vertragsprüfung	–
4.4	●	–	–	Designlenkung	8
4.5	●	●	●	Lenkung der Dokumente und Daten	5.3/11.5
4.6	●	●	–	Beschaffung	9
4.7	●	●	●	Lenkung der vom Kunden beigestellten Produkte	–
4.8	●	●	□	Kennzeichnung und Rückverfolgbarkeit von Produkten	11.2
4.9	●	●	–	Prozesslenkung	10/11
4.10	●	●	□	Prüfung	12
4.11	●	●	●	Prüfmittelüberwachung	13
4.12	●	●	●	Prüfstatus	11.7

4.13	●	●	□	Lenkung fehlerhafter Produkte	14
4.14	●	●	□	Korrektur- und Vorbeugemaßnahmen	15
4.15	●	●	●	Handhabung, Lagerung, Verpackung, Konservierung, Versand	10.4/16.1/16.2
4.16	●	●	□	Lenkung von Qualitätsaufzeichnungen	5.3/17.2/17.3
4.17	●	●	□	Interne Qualitätsaudits	5.4
4.18	●	●	□	Schulung	18.1
4.19	●	●	–	Wartung/Service	16.4
4.20	●	●	□	Statistische Methoden	20
–	–	–	–	Qualitätsbezogene Wirtschaftlichkeit	6
–	–	–	–	Produktsicherheit	19
–	–	–	–	Marketing	7

● Umfassende Forderung in der DIN EN ISO 9001
□ Weniger umfassende Forderung als in der DIN EN ISO 9001 und 9002
– Qualitätselement nicht vorhanden

QM-Elemente laut DIN EN ISO 9001	Norm-kap.	Erläuterung/Beispiel
Elemente der betrieblichen Qualitätsphilosophie		
QE 1: Verantwortg. der Leitung	4.1	Im Rahmen der Qualitätspolitik legt die Unternehmensleitung Qualitätsziele sowie deren Umsetzung und Dokumentation fest.
QE 2: QM-System	4.2	Die Einführung des QM-Systems erfolgt durch Erstellung von Verfahrensanweisungen, Qualitätsplänen und QM-Handbüchern.
QE 3: Interne Qualitäts-audits	4.17	Durch die betriebsinterne Bewertung des QM-Systems (Planung, Verwirklichung, Effektivität und Dokumentation) wird überprüft, ob die angestrebten Qualitätsziele erreicht wurden.
QE 4: Schulung	4.18	Der Schulungsbedarf muss ermittelt werden; Schulungsmaßnahmen müssen durchgeführt werden und deren Effizienz ist zu überprüfen.

Elemente der Qualitätssicherung innerhalb der betrieblichen Stellen		
QE 5: Vertragsprüfung	4.3	Qualitätsforderungen laut Lastenheft eines Auftrags müssen in einem Soll-Ist-Vergleich mit dem erreichten Qualitätsstandard verglichen und dokumentiert werden.
QE 6: Designlenkung	4.4	Durch die technische Spezifikation über Verwendung, Zweck, Funktion, Sicherheitsanforderungen, zu berücksichtigenden Vorschriften und Normen eines zur Entwicklung anstehenden Produkts werden Entwicklungs- und Konstruktionstätigkeiten effizienter eingesetzt und Produktrisiken gemindert.
QE 7: Beschaffung	4.6	Lieferanten von zugekauften Materialien oder Teilen müssen geforderte Qualitätsmerkmale durch Angabe der Prüfkriterien und Nachweis der Prüfpläne garantieren. Die Auswahl geeigneter Lieferanten erfolgt durch entsprechende Gewichtung verschiedener Auswahlkriterien wie z. B. Qualitätsfähigkeit, Preisgestaltung, Liefertreue usw.

QM-Elemente laut DIN EN ISO 9001	Norm-kap.	Erläuterung/Beispiel
QE 8: Prozess-lenkung	4.9	Die Fertigungseinrichtungen müssen so beschaffen sein, dass wiederkehrende Prozessabläufe die gewünschte Qualität sicherstellen. Hierzu sind QM-Verfahrensanweisungen in Form von Qualitätsplänen (z. B.: Einsatz von Qualitätsregelkarten), Prüfvorschriften unter Zuhilfenahme von Maschinen- und Prozessfähigkeitsuntersuchungen zu erstellen.
Elemente zur Qualitätsprüfung während der Fertigung und der Nutzungsdauer		
QE 9: Prüfung	4.10	Verfahren zur Eingangsprüfung von Zulieferteilen sowie zur Zwischen- und Endprüfung der eigengefertigten Produkte sind im Prüfplan festzulegen, der die personale Zuständigkeit für die einzelnen Prüfschritte sowie Prüfart, Prüfhäufigkeit, Prüfablauf und Prüfdokumentation regelt.

QE 10: Prüfmittelüberwachung	4.11	Für jedes zu prüfende Qualitätsmerkmal werden die Prüfmittel mit der erforderlichen Genauigkeitsklasse festgelegt. Prüfmittel und Prüfvorrichtungen sind inventarmäßig zu erfassen, intervallmäßig zu überwachen, zu warten und zu kalibrieren sowie mit dem Vermerk „kalibriert bis ...“ zu versehen.
QE 11: Prüfstatus	4.12	Durch produktabhängige Kenntlichmachung (z. B.: Prüfmarke, Etikett, Begleitkarte) muss der augenblickliche Prüfstatus zu jedem Zeitpunkt des Fertigungsprozesses nachvollziehbar sein.
QE 12: Wartung/ Service	4.19	Die Produktqualität muss auch in der Nutzungsphase des Produkts aufrecht erhalten werden, z. B. durch Maßnahmen wie Benutzerhinweise, Betriebsanleitungen, Instandhaltungshinweise, Servicehinweise, Ersatzteilliste usw.

QM-Elemente laut DIN EN ISO 9001	Norm-kap.	Erläuterung/Beispiel
Elemente zur Fehlervermeidung und Fehlerbehebung		
QE 13: Lenkung fehlerhafter Produkte	4.13	Fehlerbehaftete Teile oder Produkte müssen gekennzeichnet, nachgearbeitet und erneut geprüft oder möglicherweise ausgesondert werden. Festgestellte Fehler müssen ausgewertet, an die zuständigen Stellen gemeldet und der Fertigungsprozess entsprechend angepasst werden.
QE 14: Korrektur- und Vorbeugemaßnahmen	4.14	Fehlervermeidung ist imagefördernd und somit kostengünstiger als Fehlerbehebung. Vorbeugemaßnahmen wie Marktbeobachtung, Auswertung von Kundenreklamationen und Kundendienstberichten, interne Qualitätsaudits dienen dazu, Fehler erst gar nicht auftreten zu lassen. Zeigen sich Fehler, so sind deren Ursachen systematisch zu erfassen und durch Korrekturmaßnahmen zu beseitigen.

QE 15: Statistische Methoden	4.20	Qualitätsprüfungen erfolgen z.B. durch die Methode der statistischen Prozessregelung (SPC) und durch die Auswertung von Stichprobenprüfungen. Hilfsmittel hierzu sind Fehlersammel- und Qualitätsregelkarten, Fehlerstrichlisten und Fehlerhäufigkeitsverteilungen.
Elemente zur Qualitätsdokumentation		
QE 16: Lenkung der Dokumente und Daten	4.5	Die Handhabung von qualitätsbezogenen Dokumenten wie Fertigungsunterlagen, QM-Handbuch, QM-Verfahrens- sowie Prüfanweisungen und die Verantwortlichkeit hierfür muss sichergestellt sein.
QE 17: Lenkung von Qualitätsaufzeichnungen	4.16	Art der Qualitätsaufzeichnungen – Prüfprotokolle, Fehleranalyse, Fehlerauswertungen, Auditberichte, Schulungsunterlagen – und deren Aufbewahrungsdauer sind zu regeln, um innerhalb von zehn Jahren nach Inverkehrbringung des Produkts eventuellen Haftungsansprüchen nach dem Produkthaftungsgesetz entgegen treten zu können.

QM-Elemente laut DIN EN ISO 9001	Norm-kap.	Erläuterung/Beispiel
		Elemente zur Qualitätssicherung bei der Produktbegleitung
QE 18: Lenkung der vom Kunden beigestellten Produkte	4.7	Vom Auftraggeber beigestellte Materialien, Teile, Halbfertigwaren oder Fertigwaren müssen für die weitere Einbringung in den Fertigungsprozess so behandelt werden, als wären sie vom Auftragnehmer selbst beschafft worden (siehe QE 7).
QE 19: Kennzeichnung und Rückverfolgbarkeit von Produkten	4.8	Bereits fertiggestellte oder ausgelieferte Produkte müssen bei auftretenden Fehlern eindeutig den jeweiligen Materiallieferungen und Fertigungsprozessen sowie dem einzelnen Fertigungsauftrag, Fertigungslos oder der Fertigungsserie zugeordnet werden können.
QE 20: Handhabung,	4.15	Innerbetrieblicher Transport und Lagerung müssen der Qualität des Produkts angepasst sein. Verpackung und

Lagerung, Verpackung, Konservierung, Versand	Versand sind den Qualitätsanforderungen entsprechend durchzuführen. Dabei sind mögliche Einflüsse auf die Qualität wie Transportmittel, Transportverpackung, Transportzeit zu berücksichtigen.

Begriff	Erläuterung/Beispiel
Qualitäts-Philosophie nach Deming	siehe Abbildung

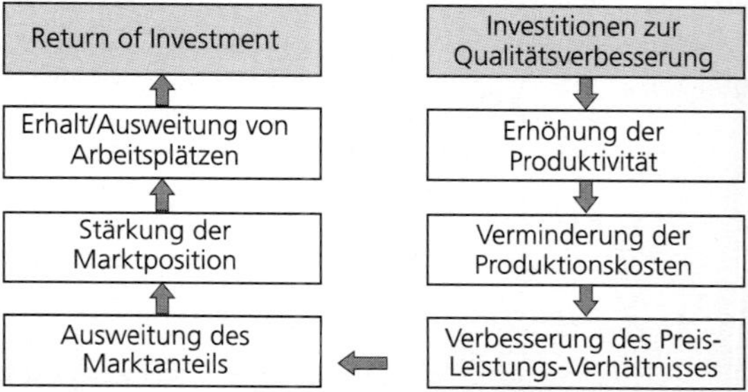

Begriff	Erläuterung/Beispiel
Umsetzung der Qualitäts-Philosophie durch ein 14-Punkte-Programm	1 Ständige Verbesserung des Produkts oder der Dienstleistung ist das oberste Unternehmensziel. 2 Qualitätsverbesserung erfordert neue Denkweisen. 3 Prozessdenken ersetzt die 100 %-Prüfung in der Qualitätssicherung. 4 Anstelle der Preisabhängigkeit bei den Produkten bzw. Dienstleistungen tritt die Qualitätsabhängigkeit. 5 Das Erkennen von Problemen ist wichtig, das Suchen nach den Ursachen ist wichtiger. 6 Mitarbeiter sind ständig im Hinblick auf ihr Qualitätsbewusstsein zu trainieren. 7 Mitarbeiter sind konstruktiv zu kritisieren, indem ihnen Hilfen zur Verbesserung der ausführenden Tätigkeiten angeboten werden. 8 Der ängstliche Mitarbeiter neigt zur Verweigerungshaltung; ihm ist mit Vertrauen und glaubwürdigen Handlungsweisen der Vorgesetzten zu begegnen.

9 Abteilungs-Denken ist durch horizontale und vertikale Kommunikation zu ersetzen.
10 Allgemeine Aufrufe, Plakate oder Ermahnungen sind durch konkrete Handlungshilfen zu ersetzen.
11 Quantitative Leistungsvorgaben sind durch Qualitätsprämien, persönliche Belobigungen oder Qualitätspreise für die Teams zu ersetzen.
12 Mitarbeiter dürfen und sollen auf ihre Arbeit stolz sein.
13 Weiterbildungsprogramme für alle Mitarbeiter sind grundsätzliche Voraussetzung für die kontinuierliche Qualitätsverbesserung.
14 Geeignete Mitarbeiter multiplizieren das oberste Unternehmensziel. „Ständige Verbesserung von Qualität und Produktivität".

Begriff	Erläuterung/Beispiel
Qualitäts-Philosophie	

Umsetzung der Qualitäts-Philosophie	Ansatz nach Feigenbaum 22.2
	1 Auf der Management-Ebene: – Vorgabe, Umsetzung und Kontrolle von Qualitätszielen – Qualitätsaktivitäten gelten für das ganze Unternehmen – Festlegung von Kompetenzbereichen zur Qualitätssicherung – Einführung von wiederkehrenden Systemaudits **2 Auf der Entwicklungs- und Konstruktions-Ebene:** – Festlegung der sachlichen Ausstattung zur Qualitätssicherung – Festlegung der Prüfschritte, Prüforte, Prüfhäufigkeit **3 Auf der Beschaffungs- und Distributions-Ebene:** – Erfassung der Qualitätsanforderungen durch den Kunden – Festschreibung eines Qualitätslastenhefts **4 Auf der Produktionsprozess-Ebene:** – Qualitätserfassung, Auswertung und Dokumentation anhand von Soll- und Ist-Daten – Festlegung und Umsetzung von Korrekturmaßnahmen **5 Auf der Mitarbeiter-Ebene:** – Sensibilisierung des Qualitätsbewußtseins – Schulung hinsichtlich der angestrebten Qualitätsstandards

Qualitäts-Philosophie

	Externe Kunden-Lieferanten-Beziehung					
	K1	**K2**	**K3**	**K4**		**Entwicklung**
01					**Entwicklung**	
02		EKLB 0202			**Konstruktion**	
03					**Beschaffung**	
04					**Fertigung**	
05					**Qualitätsprüfung**	
06					**Marketing**	
07				EKLB 0704	**Vertrieb**	
	01	02	03	04		05

Kundenorientierung ist zweidimensional als interne und externe Orientierung zu verstehen. Die interne Orientierung bedeutet, dass alle Abteilungen und deren Mitarbeiter untereinander in einer Kunden-

Interne Kunden-Lieferanten-Beziehung

Konstruktion	Beschaffung	Fertigung	Qualit.-prüfung	Marketing	Vertrieb
					IKLB 0111
	IKLB 0507				
06	07	08	09	10	11

Lieferanten-Beziehung (extern: EKLB; intern: IKLB) stehen. Dies führt zu einem vielfältigen internen und externen Kunden-Lieferanten-Geflecht (= Kunden-Lieferanten-Matrix).

Begriff	Erläuterung	Beispiel
Umsetzung der Qualitäts-Philosophie	Wichtig ist ... ... das Informieren aller Mitarbeiter über die Absichten des QM ... die abteilungsinterne Kommunikation über Qualität ... der Ausbau der externen Kunden-Lieferanten-Beziehungen ... das Erkennen und Beheben von Schwachstellen ... der lieferantenorientierte Qualitätsstandard ... das kurzfristige Gewinnstreben	Wichtiger ist ... ... das Partizipieren aller Mitarbeiter am Qualitätsmanagement ... die abteilungsvernetzende Kommunikation über Qualität ... die Vernetzung der internen und externen Kunden-Lieferanten-Beziehungen ... die Forschung nach den Ursachen der Schwachstellen ... der kundenorientierte Qualitätsstandard ... die langfristige Qualitätssicherung

Ursache-Wirkungs-Diagramm	Mit dem Ursache-Wirkungs-Diagramm werden Probleme in ihre Ursache und Wirkung zerlegt. Als Hauptursachen sind die 7 M`s anzusehen: Management, Mensch, Methode, Material, Maschine, Messbarkeit, Mitwelt (siehe S. 47).	Qualitätszirkel „Vertrieb" Termin: montags Dauer: 7:00 - 8:30 Uhr Teilnehmer: Vertriebsleiter, Marketingleiter, Versandleiter, Serviceleiter, fünf Vertriebsassistenten Problem: Uneinheitliche Präsentation der neuen Produktreihe in den 127 Verkaufsstellen Lösung: Virtuelles Präsentationsmodell auf Diskette
Qualitätszirkel	Ein fester Stamm von Mitarbeitern setzt sich regelmäßig unter Leitung eines Vorgesetzten/Kollegens mit Problemen aus dem eigenen Tätigkeitsbereich auseinander. Ziel hierbei ist die Ergründung der Ursache, Suche nach einer praktikablen Lösung, Umsetzung in die Praxis, Kontrolle der Wirksamkeit.	

Begriff	Erläuterung	Beispiel
Qualitäts-Philosophie	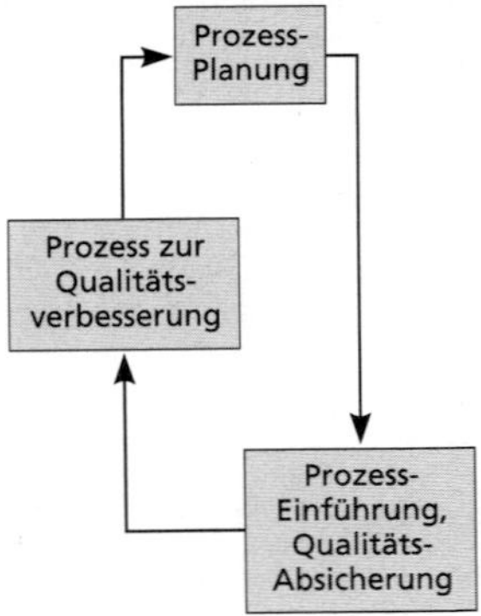	Die sogenannten entscheidenden wenigen (= vital few) Ursachen (= ca. 20%) führen zu ca. 80% der auftretenden Fehler. Die sogenannten nützlichen vielen (= useful many) Ursachen (= ca. 80%) führen zu ca. 20% der Fehler. Zur Klärung des 80/20%-Zusammenhangs wird das Pareto-Diagramm eingesetzt (siehe S. 42).

Umsetzung der Qualitäts-Philosophie in sieben Schritten	1 Tatsächliche Bedeutsamkeit des Qualitätsproblems ist zu begründen. 2 Sinnhaftigkeit der Notwendigkeit zur Qualitätsverbesserung ist von allen Beteiligten zu verinnerlichen. 3 Projektaufgaben und Projektteams zur Qualitätsverbesserung sind festzulegen. 4 Festgestellte Fehler sind hinsichtlich möglicher Fehlerursachen zu untersuchen. 5 Mögliche Maßnahmen zur Behebung des jeweiligen Fehlers sind zu treffen. 6 Bestmögliche Maßnahme zur Qualitätsverbesserung ist im Prozess umzusetzen. 7 Einhaltung des verbesserten Qualitätsniveaus ist in geeigneter Weise zu überwachen.

Begriff	Erläuterung	Beispiel

Qualitäts-Philosophie

Prozessorientierte Strategie zur kontinuierlichen Qualitätsverbesserung

Qualitätskonzeption	Qualitätswerkzeuge	Qualitätssysteme
Kunden- ...	Qualitätskreis	Qualitätsverbesserung- ...
Lieferanten- ...	7-Tools	Qualitätsmanagement- ...
Wettbewerbs- ...	Fehlermöglichkeits- und Einflussanalyse FMEA	Produktkomponenten- ...
Mitarbeiter- ...	Statistische Prozessregelung SPC	Vorschlagswesen- ...
Null-Fehler- ...	Quality Function Deployment QFD	
Prozess- ...		
...Orientierung		**...Systematisierung**

Idee und Praxisumsetzung des KVP`s erwuchsen aus der japanischen Industrieproduktion. „KAIZEN“ setzt sich zusammen aus „KAI“ (= Veränderung) und „ZEN“ (= Verbesserung) und bedeutet „Beständiges Verbessern“. Im amerikanischen Sprachraum wird hierbei von „Continuous Improvement“ (= ununterbrochene Verbesserung) gesprochen.

Schritte des kontinuierlichen Verbesserungsprozesses KVP

Herkömmliche Qualitätsphilosophien gingen früher davon aus, dass eine bestimmte Fehlerhäufigkeit als normal und unvermeidbar angesehen wurde. Lediglich bei extremen Ausreißern wurde nach den Ursachen geforscht.

Verbesserung in kleinen Schritten

Kaizen sieht in einem momentan erreichten Qualitätsstand die Aufforderung für weitere Verbesserungen. D. h.: Der Qualitätsanspruch an das Produkt und an die Mitarbeiter wird durch Anhebung des Soll-Werts stetig gesteigert. Durch Verbesserungen im Fertigungsprozess, in der Mitarbeiterschulung, im Prüfverfahren usw. wird dieser Soll-Wert auch erreicht.

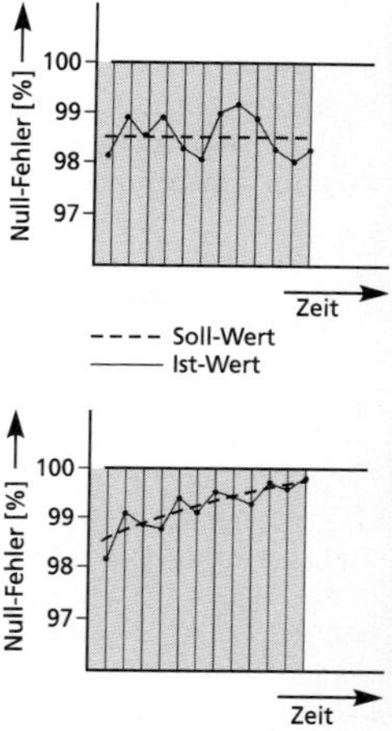

Begriff	Erläuterung	Beispiel
Verbesserung in großen Schritten	Das Denken und Handeln nach Kaizen führt zu einer beständigen Qualitätsverbesserung (KVP) innerhalb eines bestimmten Qualitätsstandards (QS). Soll jedoch der Qualitätsstandard angehoben werden, so ist hierzu innovatives Handeln (IH) erforderlich. Durch Innovationen werden höhere Qualitätsstandards erreicht. 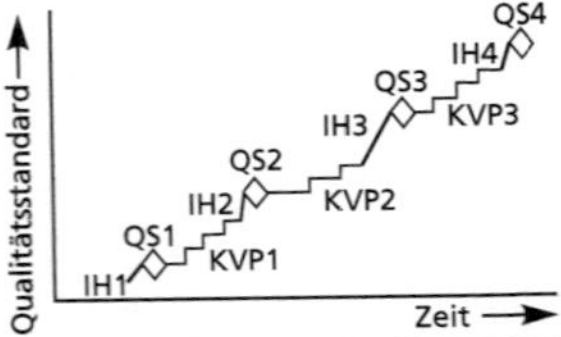 	**Qualitätsstandard QS1:** Glühlampe 75 Watt/1000 Lumen/1000 Betriebsstd. **Qualitätsstandard QS2:** Glühlampe 75 Watt/1000 Lumen/1000 Betriebsstd. verbesserte Farbwiederg. **Qualitätsstandard QS3:** Standard-Leuchtstofflampe universalweiße Farbwiedergabe 20 Watt/1000 Lumen/8000 Betriebsstd. **Qualitätsstandard QS4:** Kompakt-Leuchtstofflampe (= Energiesparlampe) mit 15 Watt, 1000 Lumen, 8000 Betriebsstd.

Vergleich zwischen Kaizen-Ansatz und innovativem Ansatz

Kontinuierlicher Verbesserungsprozess durch **Kaizen-Ansatz**	**innovativen Ansatz**	
Mitarbeiter steht im ...	Technologiefortschritt steht im ...	... Mittelpunkt
Am Prozess orientiertes ...	Am Ergebnis orientiertes ...	... Denken
Ausschöpfung bestehender ...	Einsatz neuer ...	... Kenntnisse
Gruppenorientiertes ...	Individuumorientiertes ...	... Arbeiten
Ausschöpfung bereits getätigter ...	Nutzung zusätzlicher ...	... Investitionen
Verbesserungen in kleinen ...	Verbesserungen in großen ...	... Schritten

Begriff	Erläuterung	Beispiel
Qualitäts-Philosophie	Auftretende Fehler sind auf die Hauptursachen „Mangelnde Qualifikation" und „Mangelnde Leistungsmotivation" zurückzuführen.	Hauptursache 1: Qualifikations-Mängel bezüglich Wissen, Können, Ausbildung, Fertigkeiten und Fähigkeiten. Die Behebung dieser Mängeldefizite ist relativ leicht zu erreichen durch Ausbildungs-, Weiterbildungs-, Trainings-, Unterweisungs- sowie Beaufsichtigungsmaßnahmen der Mitarbeiter.

Null-Fehler-Programm	Defizite aus mangelnder Leistungsmotivation versucht das sogenannte Null-Fehler-Programm mit dem Ziel einer veränderten Mitarbeitereinstellung zu beheben: – Fehler verschlechtern das Betriebsergebnis. – Fehler sind grundsätzlich nicht zu akzeptieren. – Fehler sind offen zu legen. – Jede Fehlerart darf nur einmalig auftreten. – Fehler dürfen nicht zu Schuldzuweisungen gegenüber Mitarbeitern führen.	Hauptursache 2: Leistungsmotivations-Mängel begründen sich durch Über- oder Unterforderung, mangelnde Identifikation mit der Tätigkeit oder/und dem Unternehmen, angezweifelte Sinnhaftigkeit des Tätigkeitsbereichs sowie fehlende positive Sanktionen wie Lob, Anerkennung, Leistungsprämie usw.

Begriff	Erläuterung/Beispiel
Umsetzung der Qualitäts-Philosophie in sechs Schritten	1 Unternehmensleitung motiviert die Mitarbeiter zum Null-Fehler-Programm. 2 Qualitäts-Multiplikatoren führen die Mitarbeiter in das Null-Fehler-Programm ein. 3 Mitarbeiter werden wiederholt hinsichtlich des Null-Fehler-Programms trainiert. 4 Die Ergebnisse der einzelnen Null-Fehler-Programme sind zu dokumentieren. 5 Das erfolgreiche Null-Fehler-Programm ist allen Mitarbeitern zu veröffentlichen. 6 Am erfolgreichen Null-Fehler-Programm beteiligte Mitarbeiter sind zu belobigen.

Probleme der Leistungsmotivation bei der Umsetzung des Null-Fehler-Programms

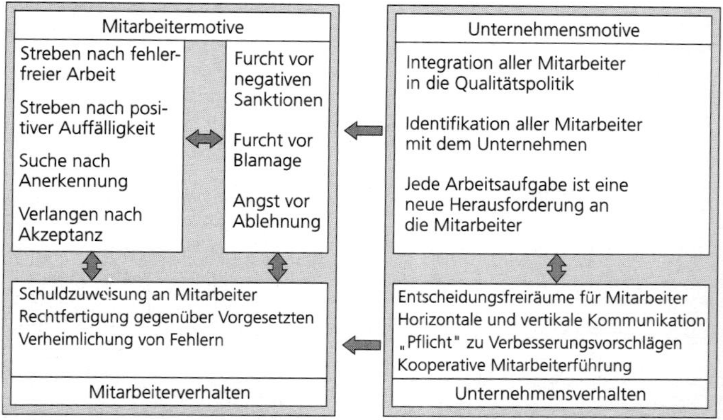

Begriff	Erläuterung	Beispiel
Gebräuchliste Messzahlen in der Statistik	Statistische Messzahlen **Mittelwerte** – Einfacher arithmetischer Mittelwert $\bar{x}$ – Gewogener arithmetischer Mittelwert $\bar{x}$ – Häufigster Wert (Modalwert) D – Zentralwert (Medianwert) Z	**Streuungswerte** – Variationsweite (Spannweite) R – Mittlere Aweichung e – Varianz s^2 – Standardabweichung s
Merkmalswerte	Rundstahl ø 10 mm	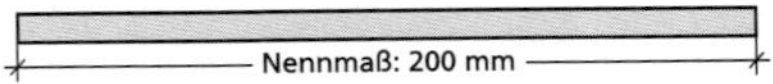

Merkmalswerte x_i (Längen-Abweichungen vom Nennmaß in µm										
$n_1 \ldots n_{10}$	15	14	13	17	16	12	21	18	19	20
$n_{11} \ldots n_{20}$	16	20	18	14	17	17	18	17	19	15

Formel zur Berechnung des arithmetischen Mittelwerts $\bar{x}$

$$\bar{x} = \frac{1}{n} \sum_{i=1}^{n} x_i$$

n ... Anzahl der Merkmalswerte
x_i ... einzelner Merkmalswert
$\bar{x}$ ... arithmetischer Mittelwert
$\sum$ ... Summe

Bildung des einfachen arithmetischen Mittelwerts $\bar{x}$	Die Bildung des einfachen arithmetischen Mittelwerts ist immer dann anzuwenden, wenn alle Merkmalswerte gleich gewichtet sind, also wenn jeder Merkmalswert nur einmal auftritt.	Für $n_1 \ldots n_{10}$: $\bar{x} = \frac{1}{10} \cdot (15+14+13+17+16+12+21+18+19+20)\ \mu m$ $\bar{x} = 16{,}5\ \mu m$
Bildung des gewogenen arithmetischen Mittelwerts $\bar{x}$	Die Bildung des gewogenen arithmetischen Mittelwerts ist dann anzuwenden, wenn einzelne Merkmalswerte häufiger auftreten.	Für $n_{11} \ldots n_{20}$: $\bar{x} = \frac{1}{10} \cdot (1 \cdot 14+1 \cdot 15+1 \cdot 16+3 \cdot 17 + 2 \cdot 18+1 \cdot 19+1 \cdot 20)\ \mu m$ $\bar{x} = 17{,}1\ \mu m$
Bildung des Modalwerts D	Der Modalwert ist der Wert der am häufigsten unter den betrachteten Merkmalswerten vorkommt.	Für $n_1 \ldots n_{20}$: $D = 17\ \mu m$

<table>
<tr><th>Begriff</th><th>Erläuterung</th><th>Beispiel</th></tr>
<tr><td>Bildung des Zentralwerts Z</td><td>Der Zentralwert ist der Wert, der in der Mitte der in aufsteigender Reihenfolge geordneten Merkmalswerte liegt. Ist die Anzahl der Merkmalswerte geradzahlig, so kann sich ein mathematischer Zentralwert von ..,5 ergeben. Hierbei ist der nachfolgende tatsächlich auftretende Einzelwert der Zentralwert.</td><td>Für n_{11} … n_{20}:
<table><tr><td>geordn. Reihe</td><td>14</td><td>15</td><td>16</td><td>17</td><td>17</td><td>17</td><td>18</td><td>18</td><td>19</td><td>20</td></tr><tr><td>Ordn. Nummer</td><td>1</td><td>2</td><td>3</td><td>4</td><td>5</td><td>6</td><td>7</td><td>8</td><td>9</td><td>10</td></tr></table>
Z = 17 µm</td></tr>
<tr><td>Bildung der Variationsweite bzw. Spannweite R</td><td>Durch die Bildung der Variationsweite wird der absolute Unterschied zwischen dem größten und kleinsten Wert einer Stichprobe ermittelt.
Formel: $R = x_{max} - x_{min}$</td><td>Für n_1 … n_{10}:
R = 21 µm – 13 µm
R = 8 µm</td></tr>
</table>

Bildung der mittleren Abweichung e	Die mittlere Abweichung stellt fest, wie sich einzelne Werte bezüglich des Mittelwerts verteilen. Formel: $e = \frac{1}{n} \cdot \sum_{i=1}^{n} \lvert \bar{x} - x_i \rvert$	Für $n_1 \ldots n_{10}$: Mit $\bar{x} = 16{,}5\ \mu m$ $e = \frac{1}{10} \cdot (\lvert 16{,}5-15 \rvert + \lvert 16{,}5-14 \rvert + \lvert 16{,}5-13 \rvert$ $+ \lvert 16{,}5-17 \rvert + \lvert 16{,}5-16 \rvert + \lvert 16{,}5-12 \rvert$ $+ \lvert 16{,}5-21 \rvert + \lvert 16{,}5-18 \rvert + \lvert 16{,}5-19 \rvert$ $+ \lvert 16{,}5-20 \rvert)\ \mu m$ $e = 2{,}5\ \mu m$
Bildung der Varianz s^2	Bei der Bildung der Var. werden im Gegensatz zur mittl. Abweichung e die größeren Abstände der Einzelwerte zum arithm. Mittelwert stärker berücksichtigt. Formel: $s^2 = \frac{1}{n-1} \cdot \sum_{i=1}^{n} (\bar{x} - x_i)^2$	Für $n_1 \ldots n_{10}$: Mit $\bar{x} = 16{,}5\ \mu m$ $s^2 = \frac{1}{10-1} \cdot [(1{,}5^2 + 2{,}5^2 + 3{,}5^2$ $+ 0{,}5^2 + 0{,}5^2 + 4{,}5^2$ $+ 4{,}5^2 + 1{,}5^2 + 2{,}5^2$ $+ 3{,}5^2)]\ \mu m^2$ $S^2 = 8{,}25\ \mu m^2$
Bildung der Standardabweichung s	Die Bildung der Standardabweichung erfolgt durch das Ziehen der Quadratwurzel aus der Varianz. Formel: $s = \sqrt{\frac{1}{n-1} \cdot \sum_{i=1}^{n} (\bar{x} - x_i)^2}$	Für $n_1 \ldots n_{10}$: $s = \sqrt{s^2}$ $s = \sqrt{8{,}25\ \mu m^2}$ $s = 2{,}87\ \mu m$

Begriff	Erläuterung/Beispiel
Häufigkeitsverteilung nach der Gauß´schen Normalverteilung	Mittelwert $\overline{x}$ und Standardabweichung s sind die Basis für die statistische Qualitätssicherung. Anhand einer zufällig entnommenen Stichprobe wird mittels der Standardabweichung auf die Häufigkeit einer bestimmten Qualitätseigenschaft in der Grundgesamtheit der Stichprobe geschlossen. 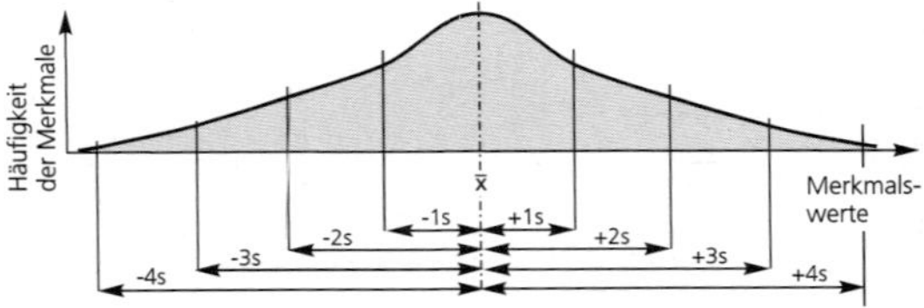 Zwischen $\overline{x}$ + 1s und $\overline{x}$ – 1s liegen 68,26 % aller Messwerte. Zwischen $\overline{x}$ + 2s und $\overline{x}$ – 2s liegen 95,44 % aller Messwerte. Zwischen $\overline{x}$ + 3s und $\overline{x}$ – 3s liegen 99,73 % aller Messwerte. Zwischen $\overline{x}$ + 4s und $\overline{x}$ – 4s liegen 99,99 % aller Messwerte.

Gebräuchlichste Werkzeuge zur Qualitätssicherung

Die Norm DIN EN ISO 9004 Teil 2 enthält elf Werkzeuge. In der Fachliteratur werden einerseits sieben Basiswerkzeuge und andererseits sieben Grundwerkzeuge bzw. „seven old tools“ sowie „seven new tools“ genannt. Praxisorientiert bietet sich folgende Strukturierung an:

Werkzeuge zur Qualitätssicherung

- Unterstützende Werkzeuge
  - Brainstorming
  - 6-3-5-Methode
  - CNB-Methode
  - Kräftefeld-Analyse
  - Fluss-Diagramm
- Elementare Werkzeuge
  - Datensammlung
  - Fehlersammelliste
  - Histogramm
  - Pareto-Diagramm
  - Korrelations-Diagramm
  - Ursachen-Wirkungs-Diagramm
  - Qualitätsregelkarte
  - Baum-Diagramm
  - Matrix-Diagramm

Brainstorming (frei übersetzt: frischer Wind in den Köpfen)	**Methodischer Ansatz:** In Teamarbeit ist ein anstehendes Problem als solches von allen Teilnehmern zu erkennen. Das Kernproblem wird schriftlich festgehalten. Die Gruppe – bestehend aus sieben bis zwölf Experten und einem Moderator – hat sich selbst ein Ziel zu setzen. Im Gruppengespräch wird das Problem in Teilprobleme gegliedert. Die Dauer des Gedankenaustausches beträgt ca. 15 bis 30 Minuten. Das Suchen nach Lösungsansätzen und die Entscheidung für geeignete Lösungsalternativen schließen sich nach einer schöpferischen Pause an.	**Methodische Umsetzung:** Alle verbalen Äußerungen werden medial aufgezeichnet. Die Bildung von Assoziationsgruppen während der Sitzung ist vom Moderator zu fördern; bestimmte Regeln sind einzuhalten: – Keine Kritik oder Bewertung während der Ideenfindung. – Ideenquantität geht vor Ideenqualität. – Möglichst außergewöhnliche Ideen sind anzustreben. – Vorgebrachte Ideen sind weiterzuentwickeln. Auswertung der Gesprächsaufzeichnungen in zeitlichen Abstand gemeinsam durch Moderator und Team.

Basisbeispiel zu Brainstorming, zur 6-3-5- und CNB-Methode:
Der Hersteller von Küchengeräten erhält vom Vertrags-Kundendienst die Service-Berichte über die Reparatur von Kaffeemaschinen. Im Vergleich zu früheren Quartalen wird als häufigste Reparaturursache das rasche Verkalken des Warmwasser-Steigrohrs genannt.
Ein Brainstorming über die Problemstellung „Zu häufiges Verkalken der Kaffemaschinen Typ K 104" bringt folgende Ergebnisse:

Mögliche Fehlerursachen:
- Wandung des Steigrohrs ist zu rauh.
- Durchmesser des Steigrohrs ist zu klein.
- Zulieferer hat die Legierung des Steigrohrs verändert.
- Biegeradius des Steigrohrs ist zu klein.

Mögliche Abhilfemaßnahmen:
- Beipackung von zwei Ersatzrohren
- Beipackung eines Kalklösemittels
- Veränderung der Kalkkristalle durch Einbau eines Dauermagneten
- Kunststoffrohr anstelle des Metallrohrs
- Wassererwärmung durch Tauchsiederprinzip
- Kundenempfehlung: Nur entkalktes Wasser verwenden
- Einbau einer Entkalkungsvorrichtung

6-3-5-Methode (6 Teilnehmer, 3 Ideen, mindestens 5 Minuten Zeit)	**Methodischer Ansatz:** Problemerfassung: wie beim Brainstorming Problemlösung: Lösungsansätze werden durch die Teilnehmer schriftlich festgehalten, wobei die angedachten Ideen im „Kreisverkehr" weitergedacht werden. Zeitrahmen: ca. 45 Minuten	**Methodische Umsetzung:** Die sechs teilnehmenden Experten haben ein Ideenblatt mit der Problemstellung vor sich liegen. Jeder Teilnehmer schreibt innerhalb von fünf Minuten drei Ideen nieder, wie das Problem zu lösen ist. Die Ideenblätter werden im Kreisverkehr weitergegeben. Drei weitere Ideen werden dazugeschrieben, die an die bereits fixierten Ideen anknüpfen sollen. Insgesamt werden die Ideenblätter fünfmal weitergereicht. Pro Station wird die Verweilzeit kontinuierlich auf zehn Minuten verlängert. Bestenfalls stehen am Ende der Sitzung auf jedem Ideenblatt 18 Ideen, was zu 5 mal 18, also 90 auswertbaren Ideen führt.

Ideenvorschlag A	Ideenvorschlag B	Ideenvorschlag C
Station 1		
Kunden-empfehlung	Material-überprüfung	Änderungen am Wasserkreislauf
Station 2		
Häufiger entkalken	Oberflächengüte des Rohrs prüfen	Wärmezufuhr durch Tauchsieder-Prinzip
Station 3		
Entkalktes Wasser verwenden	Durchmesser des Rohrs prüfen	Kunststoffrohr statt Metallrohr verwenden
Station 4		
Ersatzrohr beipacken	Legierung des Rohrs prüfen	Rohrdurchmesser vergrößern
Station 5		
Kalklösemittel beipacken	Biegeradius des Rohrs überprüfen	Dauermagnet zur Veränderung des Kalkkristalls verwenden

CNB-Methode (collection note book, gemeinsames Notizbuch)	**Methodischer Ansatz:** Problemerfassung: Jeder Teilnehmer erhält ein Notizbuch, in dem das anstehende Problem beschrieben ist. Problemlösung: Jeder Teilnehmer sucht für sich alleine nach einer Lösung Zeitrahmen: ca. 4 Wochen	**Methodische Umsetzung:** Jeder Experte muss zu einer Lösung des Problems gelangen, wobei er unabhängig von den anderen Experten, frei von bereits vorgedachten Ideen und losgelöst vom Augenblick des Zeitdrucks kreativ arbeiten kann.

Möglicher Inhalt eines Notizbuchs:

Hauptursachen für die Rohrverkalkung der Kaffeemaschine:
- Kalkhaltigkeit des Wassers ist generell gestiegen.
- Steigrohr ist innenseitig zu rauh.
- Durchmesser des Steigrohrs ist zu klein.

Abhilfemöglichkeit 1:

Kundenempfehlung:
- Maschine häufiger entkalken.
- Kaltwasser vor dem Einfüllen entkalken.

Abhilfemöglichkeit 2:

Konstruktive Änderung der Maschine:
- Kunststoffrohr anstelle Metallrohr.
- Rohrdurchmesser vergrößern.
- Biegeradius des Steigrohrs vergrößern.

Force-Field-Analyse (Kräftefeld-Analyse)

Neuerungen und Veränderungen können häufig nur dann durchgesetzt werden, wenn eine allgemeine Akzeptanz dafür gegeben scheint. Treibenden Kräften, die für eine Neuerung sprechen, stehen rückhaltende Kräfte entgegen, welche die gewünschte Neuerungen verhindern. Die einzelnen Kräfte sind mit einer entsprechenden Gewichtung (symbolisch: Hebelarm) ausgestattet, was letztendlich zu der Entscheidung „Neuerung JA" oder „Neuerung NEIN" führt. Dieses Spiel der freien Kräfte wird am folgenden Beispiel erläutert: „Personenkraftwagen mit drei Liter Kraftstoffverbrauch – sollen sie gefertigt werden?" (siehe S. 36.1)

Fluss-Diagramm

Der Ablauf von Entscheidungs-, Fertigungs-, Markteinführungsschritten usw. wird häufig mittels Symbolfelder mit kürzesten Tätigkeitsbeschreibungen aufgezeichnet. Beispielhaft sind die Hauptschritte bei der Fertigung eines Batterie-Ladegeräts dargestellt. (siehe S. 36.2)

Force-Field-Analyse (Kräftefeld-Analyse)

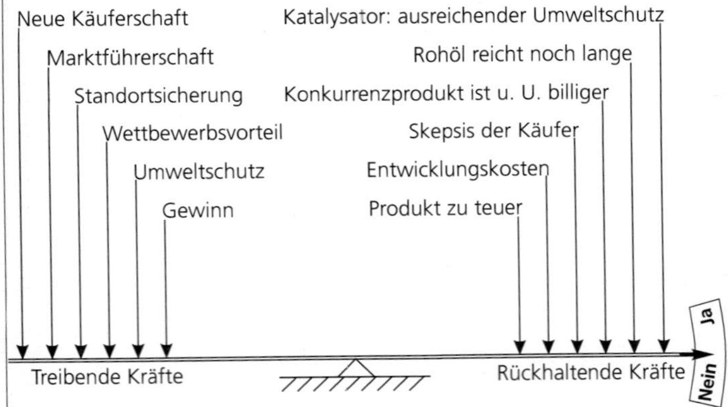

Fluss-Diagramm

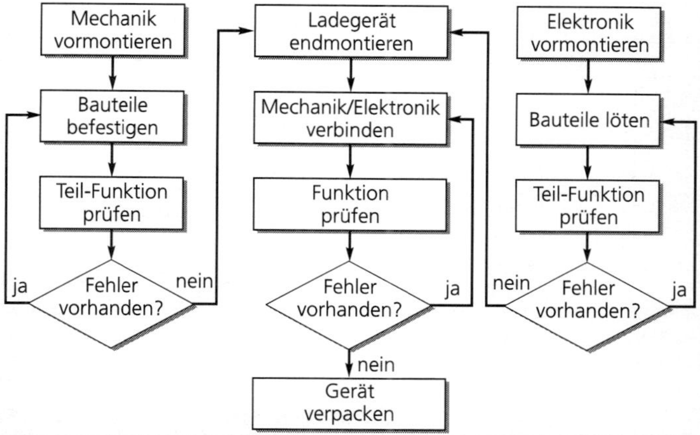

Begriff	Erläuterung/Beispiel
Verfahrensweise zur Aufbereitung einer Datensammlung	Erkennen der technischen Gegebenheiten: – Festlegung der zu beobachtenden oder zu messenden Prüfmerkmale. – Festlegung der geeigneten Mess- und Prüfmittel. – Festlegung der Messgenauigkeit, die notwendig ist, um Abweichungen vom Sollwert auch tatsächlich ermitteln zu können. Festlegen der Stichprobenziehung: – Stichprobenhäufigkeit ist abhängig vom Prozesstyp. – Prozesstypen (siehe Qualitäts-Regel-Karte, statistische Prozessregelung) unterscheiden sich nach den Kriterien „stabiler Prozess“, „trendmäßiger Prozess“ und „unstetiger Prozess“.

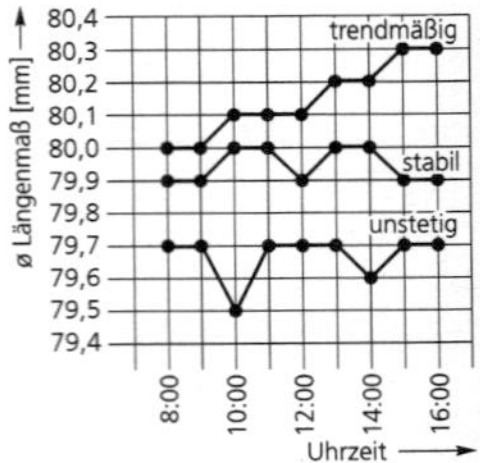

Erfassen der Daten und Auswertung der Datensammlung	Die Messdaten werden zunächst in einer Messwerte-Tabelle erfasst, um sie später in ein Verlaufsdiagramm zu übertragen. An der y-Achse trägt man die vorkommenden Messwerte und an der x-Achse die Reihenfolge der Messwerte auf. Die Merkmalswerte werden in das Diagramm eingetragen und miteinander verbunden. Der arithmetische Mittelwert ist zu berechen und in das Diagramm einzutragen.
Probleme bei der Aufbereitung, Erfassung und Auswertung	– Messvorrichtungen sind nicht ausreichend. – Messfehler werden nicht erkannt. – Messungenauigkeit des Messinstruments ist zu groß. – Stichprobenhäufigkeit und Stichprobenanzahl sind falsch gewählt.

Beispiel

Ein Kleinbetrieb ist darauf spezialisiert, Präzisionswiderstände für elektronische Messvorrichtungen zu fertigen. Die wahren Ohm-Werte (Nennwert R=150 Ω) der Widerstände nach Normreihe E96 werden mit einer Messbrücke ermittelt.

Messwerte-Tabelle

Merkmalswerte x_i in [Ω]				
$n_{01} \dots n_{04}$	150,1	150,2	149,6	149,8
$n_{05} \dots n_{08}$	150,0	149,8	150,3	150,1
$n_{09} \dots n_{12}$	149,7	149,6	150,0	150,2
$n_{13} \dots n_{16}$	150,1	149,9	149,5	149,6
$n_{17} \dots n_{20}$	149,8	150,2	149,8	149,7

Arithmetischer Mittelwert

$$\bar{x} = \frac{1}{n} \cdot \sum_{i=1}^{n}$$

$$\bar{x} = \frac{1}{20} \cdot 2998\ \Omega$$

$$\bar{x} = 149{,}9\ \Omega$$

Messwert-Diagramm

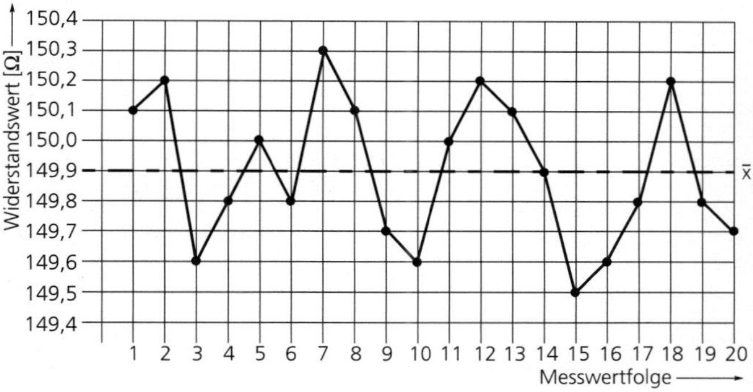

Begriff	Erläuterung	Beispiel
Verfahrensweise zur Aufbereitung einer Fehlersammelliste	Erkennbare und zählbare Fehler müssen als solche zunächst einmal wahrgenommen werden. Bereits bekannte und vorhersehbare Fehler werden tabellarisch in der Fehlersammelliste erfasst. Für nicht vorhersehbare Fehler sind freie Zeilen in der Tabelle zu reservieren.	Ein mittelständischer Betrieb für Automobilzubehör fertigt Ladegeräte für Fahrzeug-Akkumulatoren. Bei der Qualitätssicherung „Geräteabnahme" werden wiederkehrende Fehler festgestellt, was zur Erstellung einer Fehlersammelliste führt. Abteilung ET 04 | Fehlersammelliste | Kostenstelle Q 09
Fehlerbeschreibung	Jeder Fehler wird nach Art, Schwere und zu beurteilenden Kriterien beschrieben. Diese Fehlerbeschreibungen müssen für das prüfende Personal verständlich und eindeutig formuliert sein.	Fehlerbeschreibung: **Lackfehler Gehäuse:** Lackstreifen, Lackabschürfungen, unregelmäßige Lackierungen **Oberflächenfehler Frontplatte:** Unebenheiten, unsaubere Beschriftungsränder, Kratzer

Fehlererfassung

Die während der Fertigung oder bei der Endabnahme festgestellten Fehlerfälle werden als Zählstriche in die jeweilige Zeile der Fehlersammelliste eingetragen.

Probleme bei der Aufbereitung, Erfassung und Auswertung

Nur bereits aufgelistete Fehlerarten werden erfasst, neu auftretende Fehler bleiben möglicherweise unbeachtet. Die Ergebnisse der Fehlersammelliste müssen den zuständigen Abteilungen auch zugeleitet werden, um die eigentlichen Fehlerursachen beheben zu können.

Geräteanschlussleitung locker: Zugentlastung ist nicht ausreichend verschraubt.

Schalter schwergängig: Schalter muss mit leichtem Zeigefingerdruck zu betätigen sein.

Prüftaster klemmt: Taster muss mit leichtem Zeigefingerdruck zu betätigen sein und selbsttätig in seine Ausgangslage zurückfedern.

lfd. Nr.	Fehlerart	Fehleranzahl
1	Lackfehler Gehäuse	卌 卌 II
2	Oberflächenfehler Frontplatte	卌 I
3	Geräteanschluss locker	II
4	Schalter EIN schwergängig	III
5	Prüftaster LADEN klemmt	卌

Begriff	Erläuterung
Verfahrensweise zur Erstellung eines Histogramms	Die Häufigkeits-Verteilung von Daten, Messwerten oder auch Merkmalsbeobachtungen werden zur Veranschaulichung in Histogrammen (bzw. Häufigkeits-, Säulen-, Balken-Diagrammen) dargestellt. Für die vorliegenden Messwerte ist eine geeignete Klassenzahl k und Klassenweite w festzulegen. Es gilt:
Klassenzahl k, Klassenweite w	$k \approx \sqrt{n} \quad w = \frac{x_{max} - x_{min}}{n}$ Es ist darauf zu achten, dass jeder Messwert eindeutig einer Klassenweite zuordenbar ist. Zu viele und ebenso zu wenige Klassen verfälschen das Ergebnis, da die Streuung der Messwerte visuell schwer interpretierbar wird.
Standardabweichung s, Spannweite R	Mittels der statistischen Methoden „Standardabweichung s" und „Spannweite R" (siehe S. 30.1 u. 30.2) ist ermittelbar, wie stark die Messwerte links und rechts vom arithmetischen Mittelwert $\bar{x}$ streuen.

Beispiel:

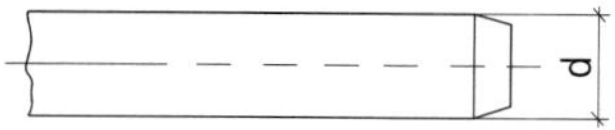

Bei der Stichprobenprüfung an einer Welle mit dem Nenndurchmesser d = 100 mm werden n = 100 Stichproben gezogen. Die Messungen des Wellendurchmessers ergeben die nebenstehenden Werte und Häufigkeiten.

Kriterien zur Aufbereitung der Messwerte

Die Klassenzahl darf bei der Aufbereitung nicht zu groß gewählt werden, z.B. darf man nicht einfach die 20 Messwerte direkt in ein Häufigkeitsdiagramm übertragen. Umgekehrt darf die Klassenzahl aber auch nicht zu klein gewählt werden, da sich beispielsweise mit der Gruppierung in nur vier Klassen keine ausreichende Trennschärfe erzielen lässt. Auf der folgenden Seite wird eine in der Regel angemessene Lösung aufgezeigt.

Messwert (mm)	Häufigkeit
99,90	1
99,91	2
99,92	2
99,93	1
99,94	3
99,95	3
99,96	4
99,97	6
99,98	7
99,99	13
100,00	20
100,01	6
100,02	12
100,03	8
100,04	5
100,05	2
100,06	1
100,07	2
100,08	1
100,09	1

Begriff	Erläuterung/Beispiel
Klassenzahl und Klassenmitte richtig gewählt	

Klassen-nummer	Klassenweite [mm]	Klassen-mitte [mm]	absolute Häufigkeit	Summen-häufigkeit [%]
1	>99,89...≤99,91	99,90	3	3
2	>99,91...≤99,93	99,92	3	6
3	>99,93...≤99,95	99,94	6	12
4	>99,95...≤99,97	99,96	10	22
5	>99,97...≤99,99	99,98	20	42
6	>99,99...≤100,01	100,00	26	68
7	>100,01...≤100,03	100,02	20	88
8	>100,03...≤100,05	100,04	7	95
9	>100,05...≤100,07	100,06	3	98
10	>100,07...≤100,09	100,08	2	100

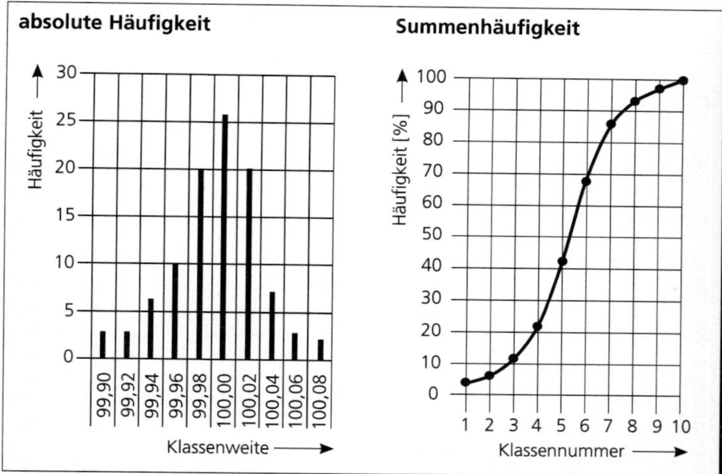

Histogramm 41.2

Begriff	Erläuterung/Beispiel
Verfahrensweise zur Erstellung eines Pareto-Diagramms bzw. einer ABC-Analyse	In Fertigungsprozessen treten Fehlerarten verschiedenartig und in unterschiedlicher Häufigkeit auf. Das Fehler-Histogramm zeigt dies anschaulich. Soll die Fehlerhäufigkeit wirksam gesenkt werden, so ist eine Prioritätenliste über die häufigsten Fehlerarten zu erstellen. Dazu werden die auftretenden Fehlerarten nach ihrer Fehleranzahl in abnehmender Rangfolge geordnet. Nach Bildung der prozentualen Fehler- und Fehlersummenhäufigkeit trägt man die Ergebnisse in das Pareto-Diagramm ein.
Kriterien für die Einteilung nach A-, B- und C-Fehlern	A-Fehler: Ca. 20% der auftretenden Fehlerarten machen ca. 70% der gesamten Fehleranzahl aus. B-Fehler: Ca. 30% der Fehlerarten machen ca. 20% der Fehleranzahl aus. C-Fehler: Ca. 50% der Fehlerarten führen lediglich zu ca. 10% Fehlerhäufigkeit. Diese Prozentangaben sagen allerdings nichts über die Gewichtung der einzelnen Fehler aus (siehe Seite 43.2).

Fortführung des Beispiels auf Seite 36.2 (Fluss-Diagramm) und Seite 39.1/39.2 (Fehlersammelliste).
Bei der Fertigung des Batterie-Ladegeräts treten folgende Fehlerdaten auf:

Fehler-nummer	Fehlerart	Fehler-anzahl
F1	elektronische Bauteile	5
F2	Bohrungen	6
F3	Leiterplatte	48
F4	Geräteanschlussleitung	3
F5	Bedienelemente	3
F6	Spannungsanzeige	2
F7	Stromanzeige	16
F8	Netztransformator	1
F9	Glättungskondensator	1
F10	Lackfehler	7
F11	Verpackung	2
F12	Versand	26

Ordnung der Fehlerarten nach Ihrer Fehleranzahl in abnehmender Reihenfolge:

Fehler-rang	Fehler-num-mer	Fehler-anzahl absolut	Fehler-anzahl [%]	Fehler-summe absolut	Fehler-summe [%]
1	F3	48	40	48	40,0
2	F12	26	21,7	74	61,7
3	F7	16	13,3	90	75,0
4	F10	7	5,8	97	80,8
5	F2	6	5,0	103	85,8
6	F1	5	4,2	108	90,0
7	F4	3	2,5	111	92,5
8	F5	3	2,5	114	95,0
9	F6	2	1,7	116	96,7
10	F11	2	1,7	118	98,4
11	F8	1	0,8	119	99,2
12	F9	1	0,8	120	100,0
	Summe	120	100		

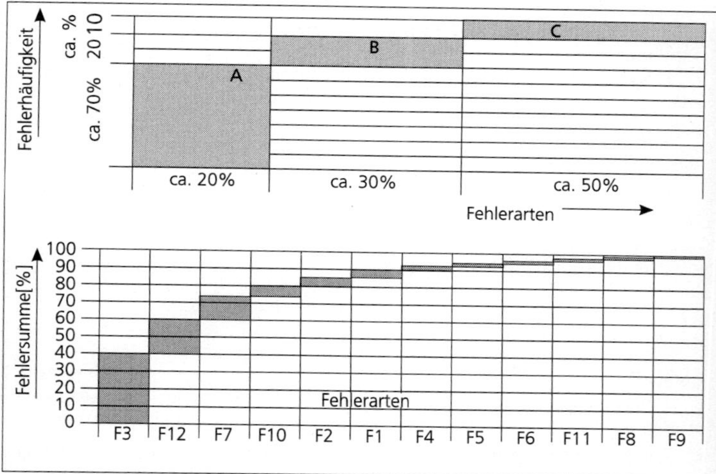

Pareto-Diagramm 43.2

Begriff	Erläuterung	Beispiel
Korrelation von zwei Variablen	Bestimmte Auswirkungen in technischen Systemen sind auf bestimmte Ursachen zurückzuführen; d. h. Auswirkungen und Ursachen stehen in einer Wechselbeziehung zueinander. Statistisch frägt man danach, wie zwei Variablen miteinander korrelieren.	Fall 1: Je höher die Tages-Temperatur ist, desto größer ist der Absatz von Speiseeis (= positive Korrelation). Fall 2: Je höher die Temperatur ist, desto geringer ist der Absatz von Heißgetränken (= negative Korrelation).
Grafisches Verfahren führt zum Streu-Diagramm	Die ermittelten Wertepaare werden in das Streu-Diagramm eingetragen. Wenn sich viele Punkte einer Geraden nähern, so besteht ein enger Zusammenhang zwischen den beiden Variablen. Bei positiver Steigung hat die Gerade eine positive Korrelation,	Praxisfall: Elektronische Bauteile sind auf Grund ihrer Halbleitereigenschaften temperaturanfällig und somit ausfallgefährdet.

Positive und negative Steigung der Korrelationsgeraden

Berrechnung des Korrelationskoeffizienten r

bei negativer Steigung eine negative Korrelation. Durch aufwendige Rechenverfahren wird der Zusammenhang zwischen den beiden Variablen über den Korrelationskoeffizienten ermittelt. Dieser Koeffizient nimmt Werte zwischen r = –1 und r = +1 an.

Wertetabelle

Bei verschiedenen Umgebungstemperaturen werden jeweils 10 elektronische Messverstärker hinsichtlich ihres zeitlichen Ausfallverhaltens untersucht. Festgehalten ist die Zeitdauer vom Einschalten des Verstärkers bis zu dessen Ausfall.

	Umgebungs-Temperatur [%]										
	40	45	50	55	60	65	70	75	80	85	90
Geräteausfall nach... Minuten			28	32	27	29	21	24	22	16	13
		35	30	37	31	33	24	26	23	17	15
	45	37	35	41	33	34	27	27	24	22	16
	46	40	39	44	36	36	28	28	25	26	18
	47	43	46	45	37	37	31	33	26	28	19
	50	44	48	47	38	39	35	34	27	29	22
	51	46	49	49	39	41	37	36	33	34	23
	52	50	51	50	42	42	38	37	34	35	24
	55	53	53	52	48	43	46	42	36	37	
	60	57	58	54	53	48	52	46			

Begriff	Erläuterung/Beispiel
Streu-Diagramm	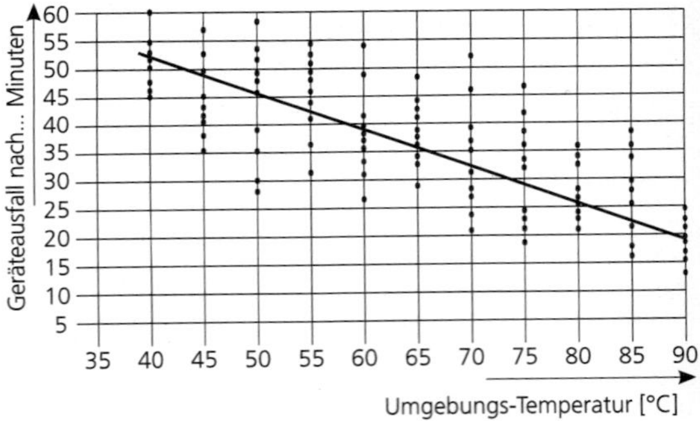
Ergebnis-beurteilung	Mit steigender Temperatur nimmt die Betriebsdauer der Geräte ab. Temperatur und Betriebsdauer korrelieren negativ.

Fallunterscheidungen zum Korrelationskoeffizienten r

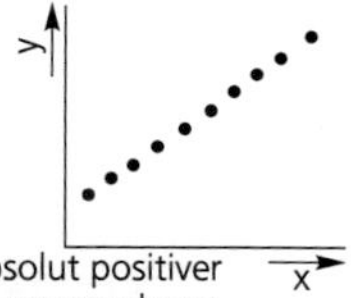

absolut positiver Zusammenhang
r= +1

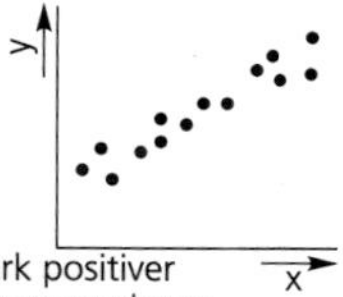

stark positiver Zusammenhang
1> r >> 0

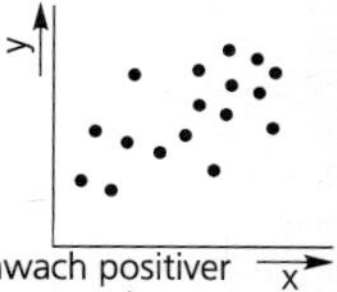

schwach positiver Zusammenhang
1 >> r >0

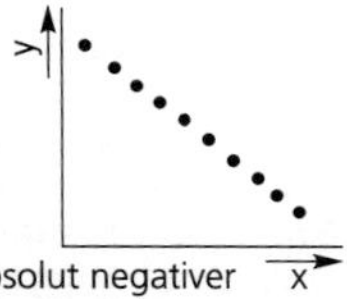

absolut negativer Zusammenhang
r= –1

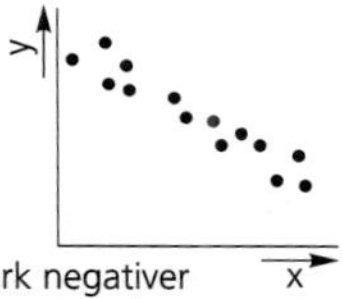

stark negativer Zusammenhang
–1 < r << 0

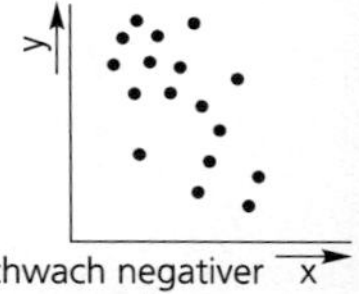

schwach negativer Zusammenhang
–1 << r < 0

Begriff	Erläuterung	Beispiel
Verfahrensweise zur Erstellung eines Ursache-Wirkungs-Diagramms **Sieben „M´s“**	In der Fertigung auftretende Probleme haben meist nicht eine eindeutige und sofort erkennbare Ursache; vielmehr liegt eine Vielschichtigkeit von Teilursachen vor. Ein gewissenhaft erstelltes Ursache-Wirkungs-Diagramm (Ishikawa-Diagramm, Fischgräten-Diagramm) ermöglicht einen Gesamtüberblick über alle tatsächlich bekannten, aber auch vermuteten Ursachen, wobei sich die Hauptursachen mit den sogenannten „sieben M`s“ beschreiben lassen. Ist das anstehende Problem als solches erkannt und schriftlich fixiert, werden z. B. mit der	„Fischgräten“ Grundstruktur 1 Definition des anstehenden Problems 2 Die sieben „M`s“ sind als Hauptursache für das Problem anzusehen: Management Mensch Methode Material Maschine Messbarkeit Mitwelt bzw. Umwelt

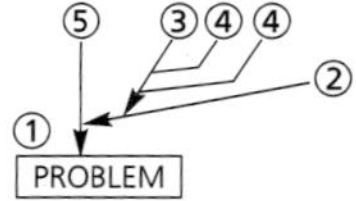

Auswertung	Methode des Brainstormings allgemeine und spezielle Ursachen der großflächig angelegten „Fischgräten"-Grundstruktur plakativ zugeordnet. Besser eignet sich der Einsatz von Ursachen-Karten, da diese eine sinnvolle Umordnung während der Ursachen-Findung ermöglichen. Unmittelbar behebbare oder beeinflussbare Ursachen werden farbig gekennzeichnet und sind umgehendst zu beseitigen. Schwierig zu behebende oder entsprechend zu gewichtende Ursachen werden mittels Prioritätszahlen in eine Reihung gebracht und bearbeitet.	3 Allgemeine Ursache, die der Hauptursache zuordenbar ist. 4 Spezielle Ursache, die mit der jeweiligen allgemeinen Ursache in engem Zusammenhang steht. 5 Problem ist als Bündelung der Ursachen anzusehen.

Fortführung des Beispiels „Batterie-Ladegerät" auf Seite 42.1 bis 43.2 (Pareto-Diagramm)

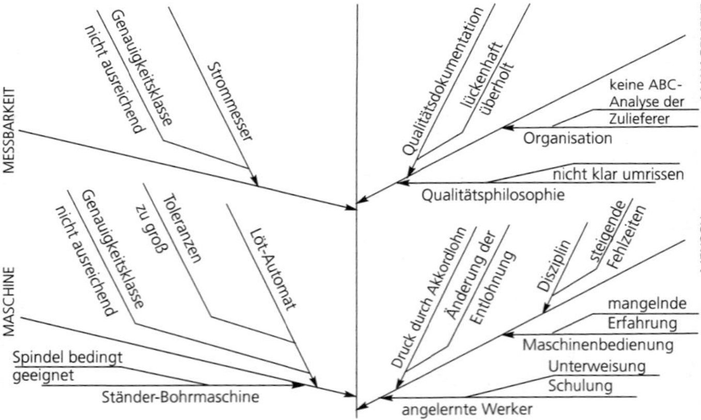

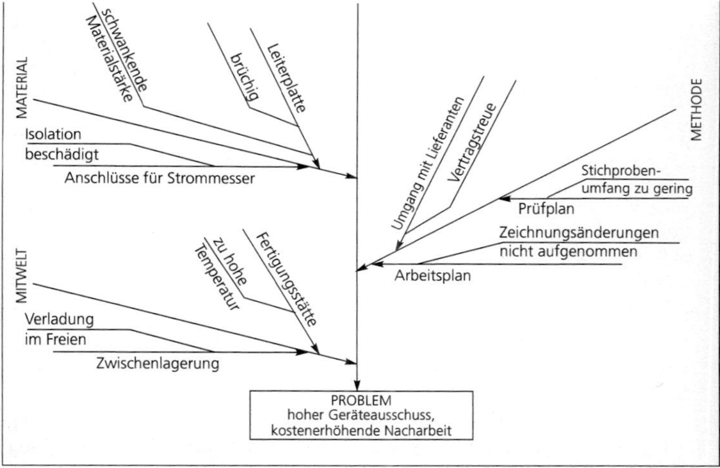
MATERIAL
schwankende Materialstärke
brüchig
Leiterplatte
Isolation beschädigt
Anschlüsse für Strommesser
METHODE
Umgang mit Lieferanten
Vertragstreue
Stichproben-umfang zu gering
Prüfplan
Zeichnungsänderungen nicht aufgenommen
Arbeitsplan
MITWELT
zu hohe Temperatur
Fertigungsstätte
Verladung im Freien
Zwischenlagerung
PROBLEM
hoher Geräteausschuss,
kostenerhöhende Nacharbeit

Begriff	Erläuterung	Beispiel
Qualitätsregelkarte nach SHEWHART	Quantitativ messbare Merkmale werden hinsichtlich ihres Abweichens vom Sollwert bzw. Mittelwert überwacht, um systematische von zufälligen Fehlern unterscheiden zu können. Qualitätsregelkarten zeigen diese Unterschiede grafisch auf. Hierzu werden Merkmalswerte in Abhängigkeit von der Zeit in die Karte eingetragen, die vom	**Systematische Fehler:** Verschleiß an Werkzeugen, Materialveränderungen, Temperatureinflüsse usw. **Zufällige Fehler:** Unkonzentriertheit des Maschinenbedieners, kurzzeitiger Maschinenausfall durch Spannungseinbruch.
Mittelwert MW	Mittelwert aus betrachtet symmetrisch aufgebaut ist. Die MW-	Aufbau einer Regelkarte 
Obere, untere Eingriffsgrenze: OEG, UEG	Linie beschreibt den aus einem Vorlauf berechneten arithmetischen Mittelwert oder das Nennmaß oder den Sollwert oder das Vorgabemaß. Liegen	

Obere, untere Warngrenze: OWG, UWG

Oberer, unterer Grenzwert: OGW, UGW

die Merkmalswerte zwischen der oberen und unteren Eingriffsgrenze (= Streubereich), ist eine normalen Streuung gegeben. Bei Werten oberhalb und unterhalb der Eingriffsgrenzen sind Gegenmaßnahmen einzuleiten. Häufig werden in die Regelkarte auch die obere und untere Warngrenze sowie der obere und untere Grenzwert eingetragen.

Zufallsstreubereich	Anteil der Merkmalswerte im Zufallsstreubereich
$-1\sigma \ldots +1\sigma$	68,26 %
$-2\sigma \ldots +2\sigma$	95,45 %
$-3\sigma \ldots +3\sigma$	99,73 %
$-4\sigma \ldots +4\sigma$	99,994 %
$-5\sigma \ldots +5\sigma$	99,999 %

Begriff	Erläuterung	Beispiel
Zufallsstreubereiche **Berechnung der Eingriffsgrenzen**	Für die zweiseitig begrenzte und symmetrisch zur MW-Linie liegende Zufallsstreuung der Merkmalswerte gilt nebenstehender Zusammenhang. Zwei Methoden sind zu unterscheiden. DGQ-Methode: OEG = $\mu + 2{,}576\ \sigma$ UEG = $\mu - 2{,}576\ \sigma$ FORD-Methode: OEG = $\mu + 3\ \sigma$ UEG = $\mu - 3\ \sigma$	$\bar{\bar{x}} = \frac{1}{n} \cdot \sum (\bar{x}_1 + \bar{x}_2 + \ldots \bar{x}_n)$ $\bar{\bar{x}}$ ... arithmetischer Gesamtmittelwert aller Einzelmittelwerte der gezogenen Stichprobe μ entspricht $\bar{\bar{x}}$ und gibt den Prozessmittelwert an.
Vorgehensweise bei der Ermittlung der Eingriffsgrenzen	Von einem ohmschen Widerstand mit dem Nennwert 150 Ω ± 5 % liegen acht Stichproben mit einem Umfang von jeweils fünf Messwerten vor. Aus den Messwerten sind die grau unterlegten Felder in der Tabelle berechnet worden.	

Stichprobe	Messwerte x_i [Ω]					Ergebnisse arithmet. Mittelwert $\bar{x}$ [Ω]	Standardabweichung s [Ω]	Spannweite R [Ω]
1	151	154	149	152	153	151,8	1,924	5
2	148	150	147	151	152	149,6	2,074	5
3	147	149	151	156	153	151,2	3,493	9
4	150	151	152	151	149	150,6	1,140	3
5	148	157	151	150	152	151,6	3,362	9
6	149	144	152	149	150	148,8	2,950	8
7	153	151	152	149	148	150,6	2,074	5
8	155	156	156	153	152	154,4	1,817	4

Prozessmittelwert: $\bar{\bar{x}} = 151{,}08\ \Omega$

Mittelwert der Standardabweichung: $\bar{s} = 2{,}354\ \Omega$

Mittelwert der Spannweite: $\bar{R} = 6\ \Omega$

Begriff	Erläuterung	Beispiel
Faktoren als Hilfsmittel zur Festlegung der Eingriffsgrenzen	(siehe Tabelle)	
Berechnug der Eingriffsgrenzen für die Mittelwert-/Standardabweichungskarte: $\bar{x}$/s-Karte	Obere, untere Eingriffsgrenze für die Mittelwertkarte: $OEG_{\bar{x}} = \bar{\bar{x}} + A_3 \cdot \bar{s}$; $UEG_{\bar{x}} = \bar{\bar{x}} - A_3 \cdot \bar{s}$	$OEG_{\bar{x}} = 151{,}08\ \Omega + 1{,}099 \cdot 2{,}354\ \Omega$; $OEG_{\bar{x}} = 153{,}667\ \Omega$; $UEG_{\bar{x}} = 151{,}08\ \Omega - 1{,}099 \cdot 2{,}354\ \Omega$; $UEG_{\bar{x}} = 148{,}493\ \Omega$
	Obere, untere Eingriffsgrenze für die Standardabweichungskarte: $OEG_s = B_4 \cdot \bar{s}$; $UEG_s = B_3 \cdot \bar{s}$	$OEG_S = 1{,}815 \cdot 2{,}354\ \Omega$; $OEG_S = 4{,}169\ \Omega$; $UEG_S = 0{,}185 \cdot 2{,}354\ \Omega$; $UEG_S = 0{,}434\ \Omega$

Faktor	Stichprobenumfang n 4	5	6	7	8	9	10
A_3	1,628	1,427	1,287	1,182	1,099	1,032	0,975
B_4	2,266	2,089	1,97	1,882	1,815	1,761	1,716
B_3	—	—	0,030	0,118	0,185	0,239	0,284
A_2	0,729	0,577	0,483	0,419	0,373	0,337	0,308
D_3	—	—	—	0,076	0,136	0,184	0,223
D_4	2,282	2,114	2,004	1,924	1,864	1,816	1,777

Ergebnisübertragung in die $\bar{x}$/s-Karte	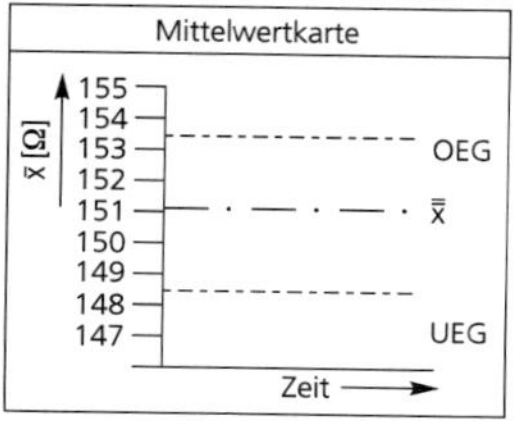 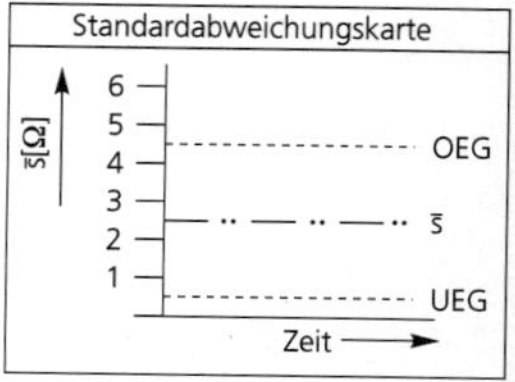
Berechnung der Eingriffsgrenzen für die Mittelwert-/Spannweitekarte: $\bar{x}$/R-Karte	Obere, untere Eingriffsgrenze für die Mittelwertkarte: $OEG_{\bar{x}} = \bar{\bar{x}} + A_2 \cdot \bar{R}$ $UEG_{\bar{x}} = \bar{\bar{x}} - A_2 \cdot \bar{R}$ Obere, untere Eingriffsgrenze für die Spannweitekarte: $OEG_R = D_4 \cdot \bar{R}$ $UEG_R = D_3 \cdot \bar{R}$ $OEG_{\bar{x}} = 151{,}08\ \Omega + 0{,}373 \cdot 6\ \Omega$ $OEG_{\bar{x}} = 153{,}318\ \Omega$ $UEG_{\bar{x}} = 151{,}08\ \Omega - 0{,}373 \cdot 6\ \Omega$ $UEG_{\bar{x}} = 148{,}842\ \Omega$ $OEG_R = 1{,}864 \cdot 6\ \Omega$ $OEG_R = 11{,}184\ \Omega$ $UEG_R = 0{,}136 \cdot 6\ \Omega$ $UEG_R = 0{,}816\ \Omega$

<table>
<tr><th>Begriff</th><th>Erläuterung</th><th>Beispiel</th></tr>
<tr><td>Ergebnisübertragung in die $\bar{x}$/R-Karte</td><td>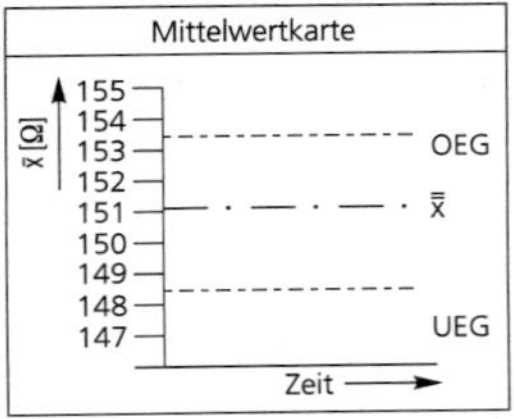
</td><td>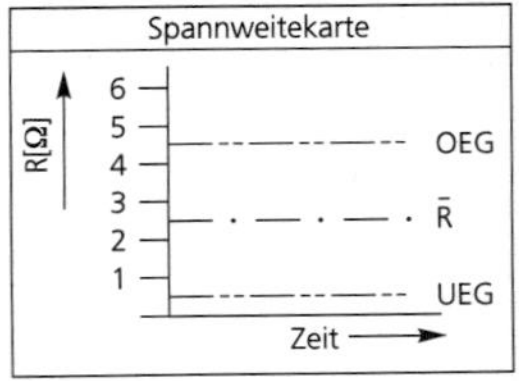
</td></tr>
<tr><td>Pre-Control-Regelkarte</td><td>Die Bereichsfelder zwischen den einzelnen Grenzlinien werden nach dem Ampelsystem farblich angelegt. Die vertikale Ausdehnung der Felder wird auf der Grundlage von Erfahrungswerten festgelegt; somit entfällt ein kompliziertes Berechnungsverfahren.</td><td>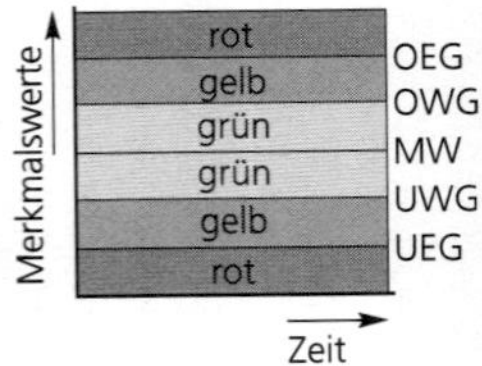
</td></tr>
</table>

Analyse von Qualitätsregelkarten	Fertigungsprozess befindet sich unter statistischer Kontrolle. Bis auf einen Ausreißer liegen alle Werte innerhalb der Eingriffsgrenzen.	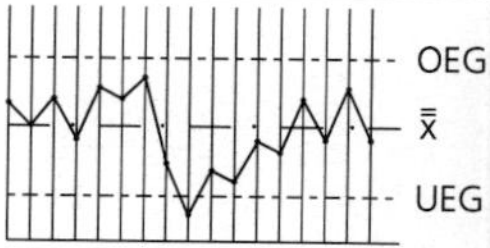
Run	Liegen mindestens sieben Messwerte über oder unter dem Mittelwert, so liegt eine einseitige Verschiebung des Prozesses vor.	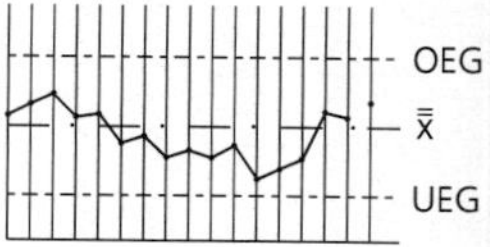
Trend	Bei einer ansteigenden bzw. fallenden Folge von mindestens sieben Messwerten ist damit zu rechnen, dass der Prozess auf die Eingriffsgrenze zusteuert.	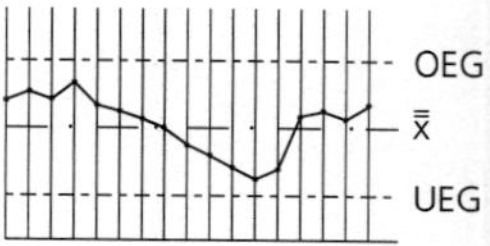

Begriff	Erläuterung	Beispiel
Middle Third	Fall 1: Bewegen sich mindestens 15 Messwerte im mittleren Drittel – bezogen auf den Bereich der Eingriffsgrenze –, so liegt ein sehr genauer Prozess vor. Fall 2: Liegen im mittleren Drittel kaum Messwerte und dafür um so mehr nahe der Eingriffsgrenzen, so scheint der Prozess außer Kontrolle zu geraten.	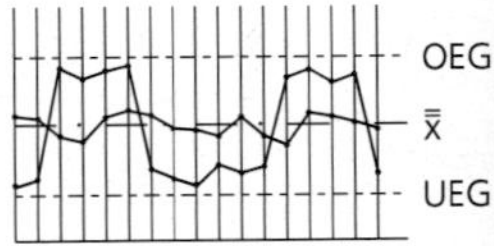
Perioden	Die Folge der Messwerte wiederholt sich periodisch. Es ist anzunehmen, dass die Regelung des Prozesses zu träge arbeitet.	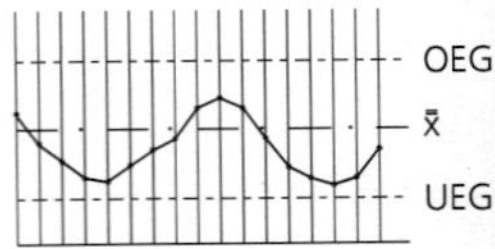

Begriff	Erläuterung/Beispiel
Baumstruktur als Orientierungshilfe, Pfadstruktur als Entscheidungshilfe	Zusammenhänge und gegenseitige Abhängigkeiten von Großtechnologien werden durch Baum-Diagramme vereinfacht und übersichtlich dargestellt. Die Verästelungen des Baums bzw. die Pfade der Baumstruktur tragen zur Entscheidungsfindung bei, welche unternehmerischen Ziele (Beispiel: Antriebs-Technologie) verfolgt werden sollen.

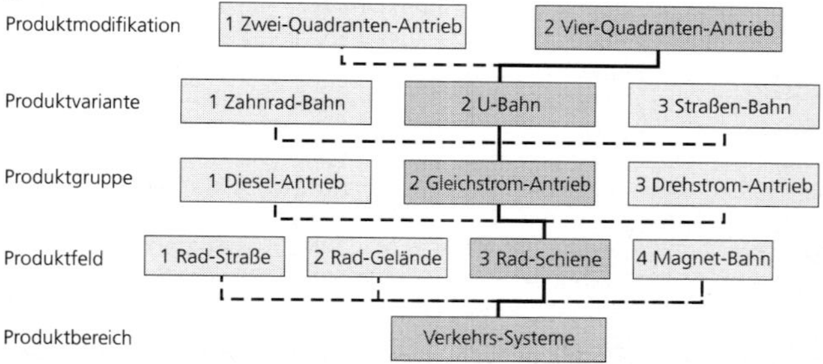

Begriff	Erläuterung/Beispiel
Verfahrensweise zur Erstellung eines Matrix-Diagramms (Matrix = paarweiser Vergleich) Merkmals- und Beurteilungskriterien	Matrix-Diagramme dienen dazu, Bedeutsames von Unbedeutendem bzw. Vorrangiges von Nachrangigem zu unterscheiden. Bedeutsame Merkmals- bzw. Beurteilungskriterien werden in gleicher Reihenfolge sowohl in die Spalten als auch in die Zeilen eingetragen. Die Matrix-Felder in der Diagonalen führen jeweils die gleichen Kriterien zusammen und sind somit für die weitere Betrachtung bedeutungslos. Zuerst werden nur die Matrix-Felder oberhalb der Matrix-Diagonale nach folgender Fragestellung bearbeitet: Wie wichtig/bedeutsam ist das „Spalten-Kriterium“ im Vergleich zum „Zeilen-Kriterium“?
Entscheidungskriterien	Entschieden wird nach folgenden Entscheidungskriterien: Lautet die Entscheidung „...ist wichtiger als ...“, so wird in das Matrixfeld oberhalb der Diagonalen der Wert „3“ eingetragen; bei „... ist genau so wichtig wie ...“, erhält das Matrix-Feld den Wert „2“; bei „... ist weniger wichtig als ...“, wird der Wert „1“ vergeben.

Die mittels der Matrix-Diagonalen gespiegelten Felder müssen immer den „Paarwert 4“ ergeben. Die Matrix-Felder unterhalb der Diagonalen können somit rasch ergänzt werden. Abschließend wird für jede Spalte die Summe gebildet und eine Rangfolge nach der Bedeutsamkeit der Merkmals- bzw. Beurteilungskriterien gebildet.

Basisbeispiel

Zeilen-Kriterium / Spalten-Kriterium	einf. Handh.	preiswert	langlebig	lichtbeständig
einfache Handhabung		3	1	1
preiswert	1		1	2
langlebig	3	3		2
lichtbeständig	3	2	2	
Summe	7	8	4	5
Rang	2	1	4	3

Beispiel (Wahl einer Antriebsart für ein Verkehrssystem

	Gleichstr.	Wechselstr.	Drehstrom	Dieselantr.	Hybridantr.	2-Q.-Antr.	4-Q.-Antr.
Gleichstrom		1	1	1	1	2	3
Wechselstrom	3		2	1	1	2	3
Drehstrom	3	2		1	1	2	3
Dieselantrieb	3	3	3		2	3	2
Hybridantrieb	3	3	3	2		3	2
2-Quadranten-Antrieb	2	2	2	1	1		3
4-Quadranten-Antrieb	1	1	1	2	2	1	
Summe	15	12	12	8	8	13	16
Rang	2	4	4	5	5	3	1

Begriff	Erläuterung	Beispiel
Qualitäts-Philosophie	Alle Erwartungen und Wünsche des Kunden, aber auch nicht mehr, sind durch marktgerechte Produkte zu erfüllen. Technisch machbare Ingenieurleistungen treten gegenüber den Kundenbedürfnissen in den Hintergrund.	**Kundenbedürfnis:** Selbsttätiges Einschalten der Scheibenwischanlage bei Regen. **Technisch machbar:** Mehrfach sensorgesteuerte Scheibenwischanlage mit Reinigungsdosierung in Abhängigkeit von Verschmutzungsart und -grad (Salzkristalle, Mückenschmutz, Straßenschmutz) der Scheibe.
Quality Function Deployment QFD ...	... ist die kundenorientierte Entwicklung eines Produkts. Diese Methode kann von der Konzeptionsphase bis zur Markteinführung des Produkts eingesetzt werden.	
Aufbau und Felder des House of Quality HoQ	Durchgängiges Beispiel für die schrittweise methodische Zusammensetzung verschiedener Qualitätstabellen zum HoQ. Das komplett „eingerichtete Qualitäts-Haus" finden Sie am Ende des Kapitels S. 57.	

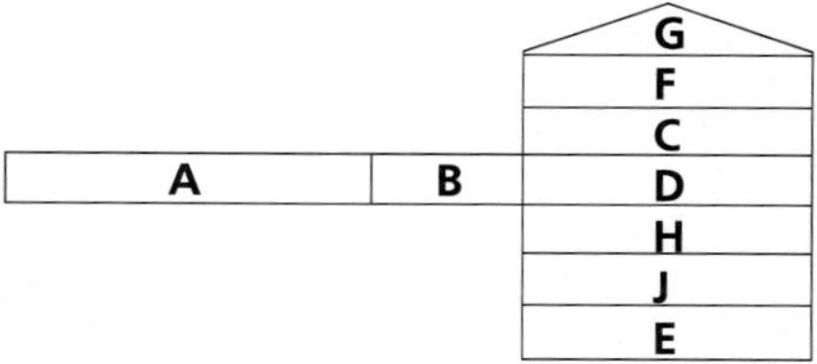

Ein Unternehmen fertigt Zubehörteile für die Kfz-Branche. Im Marktsegment Kfz-Elektronik werden Nachrüstsätze für alle gängigen Personenkraftwagen hergestellt. Die Produktidee „Feuchtigkeitsabhängige Scheibenwischer-Betätigung“ soll als „Einbau-Set für Jedermann/Jederfrau“ auf den Markt gebracht werden.

Zielgruppe für das Produkt:
Sicherheitsbewußte und technisch aufgeschlossene Autofahrer.
Kundenprofil der Zielgruppe:
18- bis 35-jährige Hobby-Bastler mit mittlerem Einkommen.
Kundenwünsche mit entsprechender Gewichtung in Abb. S. 55

Begriff	Erläuterung/Beispiel
A: Kundenwünsche	Zunächst sind die Zielgruppe und das Kundenprofil für das Produkt zu definieren. Durch Befragung von Endverbrauchern und Händlern werden die Kundenwünsche bzw. Kundenanforderungen an das Produkt ermittelt. Je aufschlussreicher die dabei erhobenen Daten sind, umso erfolgreicher wird sich das Produkt am Markt durchsetzen.
B: Gewichtung der Kundenwünsche	Die verschiedenen Kundenwünsche sind unterschiedlich gewichtet. Dies wird durch Gewichtungs-Ziffern von 5 bis 1 zum Ausdruck gebracht: 5 ≙ notwendig 4 ≙ wichtig 3 ≙ willkommen 2 ≙ wenig wichtig 1 ≙ unwichtig

	Gewichtg.	Q-Merkmal Montage-anleitung	
einfache Montage	4	3	=4·3=12
kurze Montagezeit	3	2	=3·2=6
Mehrfach-Intervall-Schaltung	4	2	=4·2=8
Zweifach-Intervall-Schaltung	1		=1·0=0
Bedeutung des Qualitätsmerkmals		26	=12+6+8

C: Qualitätsmerkmale des Produkts	Die einzelnen Kundenwünsche sind in Qualitätsmerkmale (Funktionsmerkmale sowie Gestaltungsmerkmale) des zu verwirklichenden Produkts zu transformieren. Hierzu lautet die grundsätzliche Fragestellung: „Wie können die Kundenwünsche realisiert werden?“
D: Wechselwirkung zwischen Kundenwunsch und Qualitätsmerkmal des Produkts	Die Matrixfelder bezüglich Kundenwünschen und Qualitätsmerkmalen werden entsprechend mit Einfluss-Faktoren von 3 bis 1 versehen: 3 ≙ großer Einfluss 2 ≙ mittlerer Einfluss 1 ≙ geringer Einfluss 0 (bzw. leer) ≙ kein Einfluss Hierzu lautet die Fragestellung: „Wie groß ist der Einfluss des Qualitätsmerkmals auf den Kundenwunsch?“

Qualitätsmerkmale	Funktion					Gestaltung	
	Montageanleitung	Intervall-Modul	Modul Nässe-Sensor	Elektr. Steuerung	Manuelle Betätigung	Design	Abmessungen
	3						
	2						
	2	2		3			

Begriff	Erläuterung
E: Bedeutung der Qualitätsmerkmale und Rangfolge	Die Bedeutsamkeit jedes Qualitätsmerkmals wird dadurch ermittelt, dass jeweils das mathematische Produkt aus „Kundengewichtung“ und „Einfluss-Faktor“ gebildet wird und spaltenweise die Einzelprodukte addiert werden. Somit erhält man die absolute Bedeutung der Qualitätsmerkmale und rechnet diese in die prozentuale Bedeutung um, was schließlich zur Bildung der Rangfolge führt.
F: Optimierungsmöglichkeiten	Sind bei einzelnen Qualitätsmerkmalen technische Verbesserungen möglich, so werden diese durch Symbole ausgedrückt: ↑ ≙ Je mehr (je ausführlicher) ..., desto besser ... ↓ ≙ Je weniger (je sparsamer) ..., desto besser ... ○ ≙ Verwendung von Standard-Baugruppen „leer“ ≙ Keine Optimierung, da Neuentwicklung

G: Wechselwirkung zwischen den Qualitätsmerkmalen	Die Qualitätsmerkmale stehen unter Umständen in einer gegenseitigen Wechselbeziehung bzw. beeinflussen sich positiv oder negativ. In den „Kreuzungs-Rauten" der paarweise zu vergleichenden Qualitätsmerkmale wird entsprechend ein Plus- oder Minus-Zeichen eingetragen: + ≙ gegenseitige Verstärkung – ≙ gegenseitige Behinderung
H: Schwierigkeiten bei der technischen Umsetzung der Produkt-Optimierung	Bei den Bestrebungen die Qualitätsmerkmale zu optimieren, sind unter Umständen technische Schwierigkeiten vorhersehbar. Dies wird mit den Ziffern 5 (große Schwiergkeit) bis 1 (geringe Schwierigkeit) angezeigt.
J: Technische Soll-Werte der Qualitätsmerkmale	Soweit möglich wird für jedes Qualitätsmerkmal der angestrebte Soll-Wert angegeben. Es ist darauf zu achten, dass dieser Wert auch realistisch erreichbar ist.

57.1 Quality Function Deployment

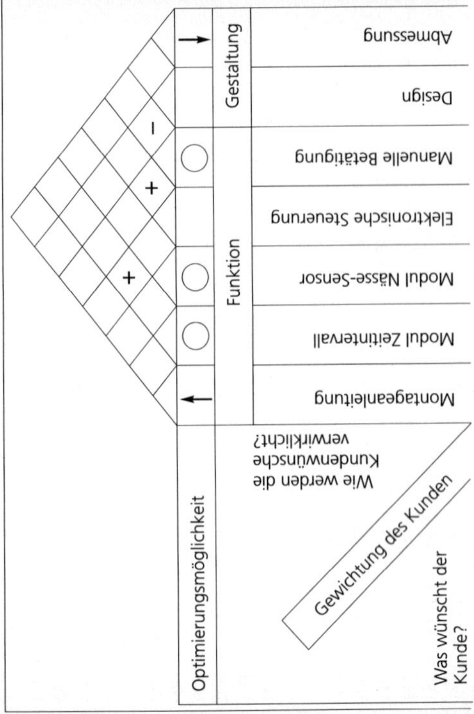

einfache Montage	4	3						2
kurze Montagezeit	3	2						
Mehrfach-Intervall-Schaltung	4	2	2		3			
Zweifach-Intervall-Schaltung	1		2		1			
kostengünstig	4		3	1	3	1	1	
Umschaltbarkeit manuell/automatisch	5			1	2	3	2	
Technische Schwierigkeit		1	1	3	4	2	1	3
Technischer Soll-Wert		mehrsprachig	mind. 3 Sekunden		max. 5 Zeit-Intervalle	Kippschalter		
Bedeutung, absolut		26	22	9	35	19	14	8
Bedeutung, prozentual		19,5	16,5	6,8	26,3	14,3	10,5	6,0
Rang		2	3	6	1	4	5	7

Begriff	Erläuterung/Beispiel
Qualitäts-Philosophie der Failure Mode and Effect Analysis FMEA	Mögliche Fehler, die bei der Planung und Fertigung von Produkten bzw. bei Prozessabläufen auftreten können, sollen möglichst früh erkannt und durch geeignete Maßnahmen vor ihrem Auftreten beseitigt werden. Die FMEA ist eine produkt- und prozessorientierte Methode der Fehler-Möglichkeits- und Einfluss-Analyse.
	Je nach Einsatzbereich und Einsatzzeitpunkt der FMEA wird zwischen drei FMEA-Arten unterschieden.
System- bzw. Entwicklungs-FMEA ...	... dient dem Auffinden von Fehlermöglichkeiten innerhalb von technischen Systemen, in denen sich System-Komponenten gegenseitig beeinflussen oder voneinander abhängen.
Konstruktions-FMEA ...	... dient dem Auffinden von Fehlermöglichkeiten bei der Konstruktion von Bauteilen bezüglich der Festlegung von technischen Daten oder der Auswahl von Werkstoffen.

Prozess-FMEA ...	... dient dem Auffinden von Fehlermöglichkeiten während des Fertigungsprozesses bezüglich der Festlegung von Maschinendaten, logistischen Abhängigkeiten, Arbeitsanweisungen usw.

Fortführung des Beispiels „Feuchtigkeitsabhängige Scheibenwischer-Betätigung" (S. 54-1 Folgende)

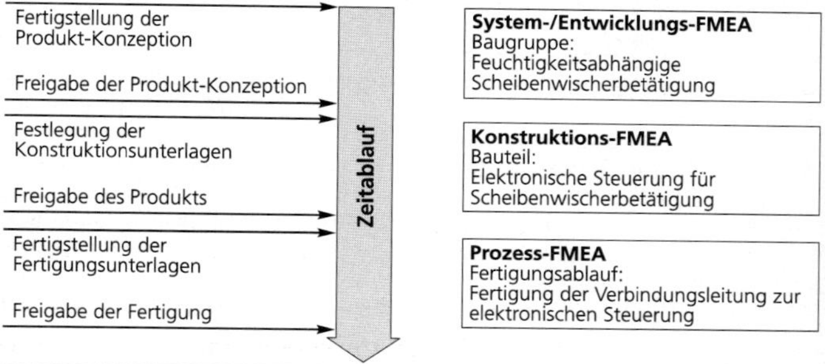

Aufbau und Inhalt des FMEA-Formblatts

Das FMEA-Formblatt ist in fünf Bereiche untergliedert:

- Kopfzeilen beinhalten Angaben über Firmenbezeichnung, Art der FMEA, Teile- oder System-Bezeichnung, Änderungsstand und Erstellungsdaten.
- Beschreibung des momentanen Qualitätsstandards (Spalten ❶ bis ❺)
- Bewertung des momentanen Qualitätsstandards (Spalte ❻)
- Beschreibung von empfohlenen und durchgefühten Verbesserungsmaßnahmen (Spalten ❼ bis ❾)
- Bewertung des verbesserten Qualitätsstandards (Spalte ❿)

Firma	**Fehlermöglichkeits- und** Konstruktions-FMEA ☐ Prozess-FMEA ☐	
System/ Merkmal/ Funktion	**Mögliche Fehler**	**Mögliche Fehlerfolgen**
Verbindungsleitung zwischen Nässe-Sensor und Elektronischer Steuerung	Keine elektrische Verbindung zwischen mehradrigem Leiter und Kabelschuh	Funktionsausfall
❶	❷	❸

Einflussanalyse	Teilenamen: Nässe-Sensor Teilenummer: 05/238-3/S07/002	Technischer Änderungsstand: 1998-04-01
Erstellt durch Abteilung: AV II	Erstellt am 05.04.1998 durch Renniz Überarbeitet am durch	Blatt 01 von 01

Mögliche Fehlerursachen	**Vorgesehene Prüfmaßnahmen**	**Derzeitiger Zustand**				**Empfohlene Abstellmaßnahmen**	**Verantwortlichkeit**	**Verbesserter Zustand**				
		A	**B**	**E**	**RPZ**			**Getroffene Maßnahmen**	**A**	**B**	**E**	**RPZ**
Leitungsisolierung ist mitgequetscht	Sichtprüfung	2	10	10	200	Verlängerung der Abisolierstrecke	Konstruktion, Fertigung	Abisolierlänge: 8 mm	1	10	2	20
Verletzung der Äderchen beim Abisolieren	keine	5	10	10	500	Besondere Abisolierzange	Arbeitsvorbereitung, Beschaffung	Beschaffung der Abisolierzange als Sonderwerkzeug	2	10	2	40
Bruch des Kabel-Schuhs	Materialprüfung beim Hersteller	2	10	10	200	Kupferkabelschuh mit höherer Elastizität	Qualitätssicherung, Beschaffung, Wareneingang	Herstellergarantie	1	10	2	20
❹	❺	❻	❻	❻	❻	❼	❽	❾	❿	❿	❿	❿

60.1 Failure Mode and Effect Analysis

Begriff	Erläuterung/Beispiel
❶ **System, Merkmal, Funktion**	Technische System-Komponenten, Funktion der Baugruppe oder des Bauteils bzw. Fertigungs- und Ablaufprozesse werden in Kurzform beschrieben.
❷ **Mögliche Fehler**	Alle denkbaren Fehler, die im System, in der Baugruppe oder im Bauteil auftreten könnten, werden aufgelistet.
❸ **Mögliche Fehlerfolgen**	Unter der Annahme, dass der denkbare Fehler eingetreten ist, werden alle möglichen Fehlerfolgen beschrieben, wie sie sich aus Kundensicht bemerkbar machen können.
❹ **Mögliche Fehlerursachen**	Jedem Fehler werden eine oder mehrere Fehlerursachen zugeordnet. Die Ursachen können im Bereich der Konstruktion, Materialwahl, Fertigung oder Montage liegen.
❺ **Vorgesehene Prüfmaßnahmen**	Anhand der bereits vorgegebenen Prüfmaßnahmen wird untersucht, ob die aufgelisteten Fehlerursachen damit zu erkennen sind.

6 Derzeitiger Zustand	– Die Wahrscheinlichkeit des Fehlerauftretens **(A)** ... – Die Bedeutung des Fehlers **(B)** bzw. die Auswirkung des Fehlers aus Kundensicht ... – Die Wahrscheinlichkeit der Fehlerentdeckung **(E)** vor Auslieferung des Produkts ... ...werden mit Hilfe der Skala 1 bis 10 bewertet.

(A)		(B)	(E)	
unwahrscheinlich	1	kaum wahrnehmbar	hoch	1
sehr gering	2-3	gering	mäßig	2-5
gering	4-6	mäßig	gering	6-8
mäßig	7-8	groß	sehr gering	9
hoch	9-10	äußerst schwerwiegend	unwahrscheinlich	10

– Die Risikoprioritätszahl RPZ ist das Produkt aus den Bewertungszahlen A, B und E, wobei die Werte der RPZ zwischen $1 = 1 \cdot 1 \cdot 1$ und $1000 = 10 \cdot 10 \cdot 10$ liegen können. Weisen einzelne Fehlerursachen hohe RPZ-Werte auf, sind diese Ursachen vorrangig zu beheben.

Begriff	Erläuterung/Beispiel
❼ **Empfohlene Abstellmaßnahmen**	Fehlervermeidende Maßnahmen haben gegenüber fehlermindernden Maßnahmen eine höhere Priorität, um die Risikoprioritätszahl zu verringern. Handlungsziele sind hierbei: – Beseitigung der Fehlerursache bzw. Verringerung der Auftretenswahrscheinlichkeit – Verringerung der Fehlerbedeutung – Vergrößerung der Fehler-Entdeckungswahrscheinlichkeit
❽ **Verantwortlichkeit**	Betriebliche Abteilungen werden benannt, welche die praktische Umsetzung der empfohlenen Abstellmaßnahmen durchzuführen haben.
❾ **Getroffene Maßnahmen**	Die tatsächlich getroffenen Verbesserungsmaßnahmen werden festgehalten. Können empfohlene Maßnahmen nicht verwirklicht werden, so ist die mit der FMEA beauftragte Abteilung hierüber zu informieren.

⑩ Verbesserter Zustand	Auf der Grundlage der getroffenen Verbesserungsmaßnahmen wird jede Fehlermöglichkeit bezüglich der Auftretenswahrscheinlichkeit **(A)**, der Fehlerbedeutung aus Kundensicht **(B)** und der Entdeckungswahrscheinlichkeit **(E)** nach der Skalierung unter ⑥ neu bewertet und mit einer neuen Risikoprioritätszahl versehen.	
Qualitäts-Philosophie	Mit Hilfe von Stichprobenanalysen wird überprüft, ob bestimmte Qualitätsmerkmale bei der Fertigung innerhalb vorgegebener Toleranzwerte eingehalten werden. Dabei ist es erforderlich, dass systematische Fehler ausgeschlossen werden können und die auftretenden Fehler rein zufällig verursacht sind.	Systematische Fehler, z. B.: – Werkzeugverschleiß – Materialveränderungen – Maschinenwechsel Zufällig verursachte Fehler, z.B.: – Einfluss durch Temperaturschwankung – Bedienerfehler – Verwechslung von Montageteilen

Begriff	Erläuterung/Beispiel
Normalverteilte Messwerte	In vielen Anwendungsfällen und bei genügend großen Stichproben liegt eine Gauß'sche Normalverteilung (siehe S. 32.1) von Messwerten vor. Die Berechnung des arithmetischen Mittelwerts $\bar{x}$ und der Standardabweichung s ist Voraussetzung für die Beurteilung der Maschinen- und Prozessfähigkeit. Die Fertigungs-Toleranzgrenzen (T) sind durch die Werte „Oberer Grenzwert (OGW)“ und „Unterer Grenzwert (UGW)“ festgelegt. $OGW = \bar{x} + 4 \cdot s$ $UGW = \bar{x} - 4 \cdot s$ $T = OGW - UGW$ Somit besteht die Wahrscheinlichkeit, dass 99,994% aller Messwerte innerhalb der Toleranzgrenzen liegen. Wird lediglich mit dem Faktor 3 • s gearbeitet, so liegen 99,73% der Messwerte innerhalb der Toleranz.

Maschinenfähigkeit bzw. Kurzzeitfähigkeit bzw. Prozesspotential	Bei der Überprüfung der Kurzzeitfähigkeit werden die Stichproben in kurzen aufeinanderfolgenden Zeitintervallen gezogen. Das Ergebnis der Überprüfung gibt an, ob eine Fertigungsmaschine in der Lage ist, mit einer bestimmten prozentualen Wahrscheinlichkeit innerhalb der Toleranzgrenzen zu fertigen.
Kennzahl der Maschinenfähigkeit c_m	$c_m = \frac{OGW - UGW}{8 \cdot s}$ Wenn $c_m = 1$, dann ist der Wert OGW – UGW genau so groß wie der Wert $8 \cdot s$; d. h.: - der Mittelw. $\bar{x}$ der Stichprobe entspricht genau dem Sollwert, - die Maschine arbeitet genau zentriert. Wenn $c_m > 1{,}33$, dann erfüllt die Maschine die 99,994%-ige Qualitätsforderung.

Begriff	Erläuterung/Beispiel
	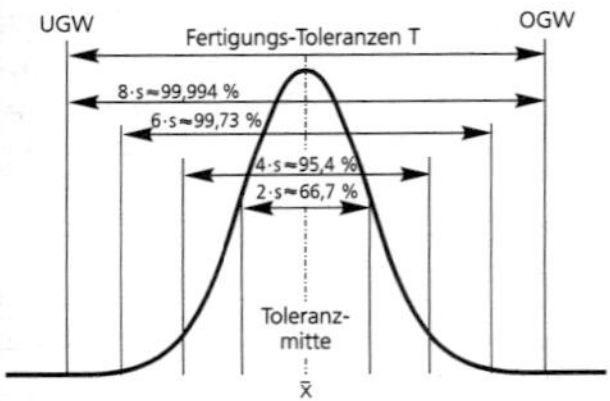 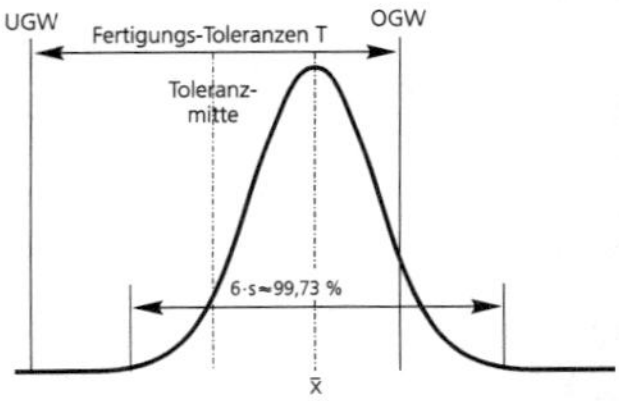
Kennzahl der kritischen Maschinenfähigkeit c_{mk}	Die Kennzahl c_m drückt allerdings nicht aus, ob die Maschine auch wirklich innerhalb des Bereichs UGW … OGW arbeitet. Mit der Kennzahl c_{mk} wird ermittelt, ob die Maschine innerhalb der Toleranz fertigt. Wenn $\bar{x}$ – UGW = OGW – $\bar{x}$ = 0,5 · T, dann ist $c_{mk} = c_m$: Maschine arbeitet innerhalb der Toleranz, wenn die Forderung $c_m > 1{,}33$ erfüllt ist.

	Wenn $\bar{x}$ – UGW < 0,5 • T oder wenn OGW – $\bar{x}$ < 0,5 • T, dann ist $c_{mk} < c_m$: Maschine arbeitet nicht innerhalb der Toleranz.
Prozessfähigkeit bzw. Langzeitfähigkeit **Prozesspotential c_p** **Prozessfähigkeit c_{pk} ober- und unterhalb des arithmetischen Mittelwerts $\bar{x}$**	Abweichungen vom Sollwert haben im Fertigungsprozess unterschiedliche Ursachen (siehe S. 46 Folgende). Aus diesem Grund ist die Überprüfung der langfristigen Prozessfähigkeit erforderlich. Im Vergleich zur Maschinenfähigkeitsuntersuchung werden hierbei die Stichproben in größeren zeitlichen Abständen gezogen. Die Berechnung der Kennzahlen erfolgt wie bei der Maschinenfähigkeitsuntersuchung. $c_p = \frac{OGW - UGW}{8 \cdot s}$ $c_{pk,\ oberhalb} = \frac{OGW - \bar{x}}{4 \cdot s}$ $c_{pk,\ unterhalb} = \frac{\bar{x} - UGW}{4 \cdot s}$ Wenn $c_p > 1{,}33$ und $c_{pk} > c_m$, ist die 99,994%-ige Qualitätsforderung erfüllt.